文学视角的英语教学

李银波 著

中国纺织出版社

图书在版编目（CIP）数据

文学视角的英语教学 / 李银波著 . -- 北京 : 中国纺织出版社 , 2018.2（2025.5重印）

ISBN 978-7-5180-3857-2

Ⅰ . ①文… Ⅱ . ①李… Ⅲ . ①英语－教学研究－高等学校 Ⅳ . ① H319.3

中国版本图书馆 CIP 数据核字（2017）第 178032 号

责任编辑：汤　浩　　**责任印制**：储志伟

中国纺织出版社出版发行

地　　址：北京市朝阳区百子湾东里 A407 号楼　**邮政编码**：100124

销售电话：010-67004422　**传真**：010-87155801

http://www.c-textilep.com

E-mail：faxing@c-textilep.com

中国纺织出版社天猫旗舰店

官方微博 http://weibo.com/2119887771

河北晔盛亚印刷有限公司印刷　各地新华书店经销

2018年2月第1版　2025年5月第11次印刷

开　　本：880mm×1230mm　1/32　**印张**：7.125

字　　数：155 千字　**定价**：78.00 元

作者简介

李银波，1980 年 5 月生，本科学历，硕士学位，湖南省益阳市人，工作于湖南城市学院，职称是讲师。研究方向是英语语言文学。主要从事英语专业教学，曾教过基础英语、英美概况、英语阅读、英语听力、中英文化习俗比较和大学英语等课程，主持过两项市级社科联项目，在省级刊物上发表有论文多篇。

主持课题：

2011 年市级社科联课题《美国城市文学中文化审视之研究》编号：2011YS026；2014 年校级教改课题：“后方法”视野下英语国家概况的教学研究；2016 年市级社科联课题《地素符号学视阈下 < 荒原 > 中的城市书写》2016YS11。

前 言

文学是学生学习语言的最好材料。本书简述英美文化在英语教学中的重要性，从大学英语教学入手，根据我国大学英语教学的特点，分析英美文学在大学英语阅读教学、写作教学、修辞教学等方面的作用，提出了文学视角下英语教学改革的意见。最后通过对部分英美文学作品的赏析，让学生详细了解英美文学，有助于提高我国大学生的英语应用能力，并为我国大学英语文学教学的研究与发展贡献一分力量。

目 录

第一章 英美文学 01

第一节 英美文学概述 02

第二节 英美文学的发展 28

第三节 英美文学在中国的发展状况 36

第二章 英美文化在英语教学中的重要性 41

第一节 减轻文化差异对英语学习者的消极影响 43

第二节 帮助学生更加准确地使用英语语言 44

第三节 提高学生英美文化知识的策略 45

第三章 文学视角下的大学英语教学改革 47

第一节 英语文学作品与大学英语教学 49

第二节 文学视角下的大学英语教学现状 54

第三节 文学视角下大学英语教学的意义与作用 64

第四节 文学视角下大学英语教学改革 76

第四章　文学视角下的大学英语教学 93

第一节　文学视角下的大学英语词汇教学 94

第二节　文学视角下的大学英语阅读教学 114

第三节　文学视角下的大学英语写作教学 127

第四节　文学视角下的大学英语修辞教学 164

第五章　英美文学研究 175

第一节　英美文学研究的历程与拓展 177

第二节　英美文学语言艺术研究 189

第三节　英美文学中的形象研究 204

第四节　英美文学的主题意境研究 207

结　语 218

参考文献 219

第一章 英美文学

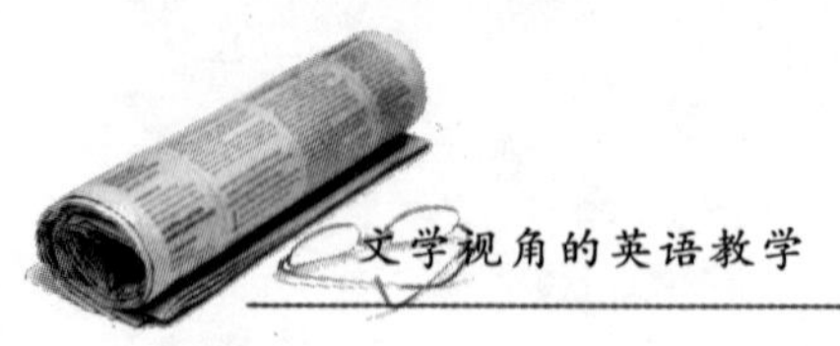

第一节　英美文学概述

英美文学源远流长，经历了长期的、复杂的发展演变过程。在这个发展的过程中，外界的各种现实的、历史的、政治的、文化的力量对文学发生着影响，英美文学遵循自身规律，历经盎格鲁－撒克逊、文艺复兴、新古典主义、浪漫主义、现实主义、现代主义等不同历史阶段。

一、中世纪文学（约5世纪—1485年）

英国最初的文学同其他国家最初的文学一样，不是书面的，而是口头的。故事与传说口头流传，并在讲述中不断得到加工、扩展，最后才有写本。公元5世纪中叶，盎格鲁、撒克逊、朱特三个日耳曼部落开始从丹麦以及现在的荷兰一带迁入不列颠。盎格鲁－撒克逊时代给我们留下的古英语文学作品中，最重要的一部是《贝奥武甫》（Beowulf），它被认为是英国的民族史诗。《贝奥武甫》讲述主人公贝奥武甫斩妖除魔、与火龙搏斗的故事，具有神话传奇色彩。这部作品取材于日耳曼民间传说，随盎格鲁－撒克逊人入侵传入今天的英国，现在我们所看到的诗是8世纪初由英格兰诗人写定的，当时，不列颠正处于从中世纪异教社会向以基督教文化为主导的新型社会过渡的时期。因此，《贝奥武甫》也反映了七八世纪不列颠的生活风貌，呈现出新旧生活方式的混合，兼有氏族时期的英雄主义和封建时期的理想，

体现了非基督教日耳曼文化和基督教文化两种不同的传统。

公元1066年，居住在法国北部的诺曼底人在威廉公爵的率领下越过英吉利海峡，征服英格兰。诺曼底人占领英格兰后，封建等级制度得以加强和完备，法国文化占据主导地位，法语成为宫廷和上层贵族社会的语言。这一时期风行一时的文学形式是浪漫主义，流传最广的是关于亚瑟王和圆桌骑士的故事。《高文爵士和绿衣骑士》（Sir Gawain and the Green Knight，1375—1400）以亚瑟王和他的骑士为题材，歌颂勇敢、忠贞、美德，是中古英语传奇最精美的作品之一。传奇文学专门描写高贵的骑士所经历的冒险生活和浪漫爱情，是英国封建社会发展到成熟阶段的一种社会理想的体现。

谈西方骑士文学还不能不谈它的一个重要组成部分——亚瑟王及其圆桌骑士的故事，讲述亚瑟王及其手下骑士们的种种冒险事迹，包括勇者斗恶龙等。由于亚瑟王是英国人，所以在英语世界中影响比较深远。据英国外教说，英国国旗就来自亚瑟王手下的两个骑士。这两人去寻找圣杯，在碰到圣杯的一瞬间他们也升天了，成为英国永久的守护神。他们的家徽一个是正十字，一个是斜十字，合起来就是一个米字，所以英国国旗是米字旗。国际上流行的“圆桌会议”据说也来自亚瑟王的大圆桌，这个圆桌还有一个传说：亚瑟王的叔叔给他造了一张大圆桌，并且对他预言，在圆桌坐满之前，将会不断有骑士加入他的行列，他的事业也将因此而蒸蒸日上、威名远扬，但是一旦坐满，他的事业就会走下坡路（听起来像《九阴真经》的第一句），并且最后一个骑士（the last knight）将把他逼上绝路，因此，在英语中 the last knight 并不是什么好听的称呼。

亚瑟王的传说国内好像很难看到。好莱坞拍的片子倒不少，比较新一点儿的有《*Merlin*》和《*The First Knight*》。前者基本符合一般传说，内容大意是：Merlin是英国本土的精灵为了抵抗外来宗教——基督教的威胁而创造的一个男巫，但他在成长后摆脱了创造他的精灵，开始为自己所认定的正义而战，先是将亚瑟王的父亲扶上王位，又用法术改变他的容貌，让他与亚瑟王的母亲（当时是另一个领主的妻子）偷情，生下亚瑟王，然后从小对亚瑟王进行培训，助他取得宝剑，直至帮他登上王位。但是后来Merlin忙中出错，本来是想给亚瑟王找一个忠实的王都守护者，没想到一时没听清，给他找了个掘墓人（The last knight），这家伙最终送了亚瑟王的命。而李查·基尔主演的《The First Knight》（中文名《剑侠风流》）则是典型的好莱坞风格，并且与原文出入较大，这里从略。

Minne是一个欧洲文化的专有名词，在中文中难以找到与之相对应的词语表达。在《杜登词典》里，Minne的含义是："verehrende, dienende Liebe eines hoefischen Ritters zu einer meist verheirateten, hoehergestellten Frau"。其大意就是，一个骑士对于一位通常已婚的、地位比他高的女性的敬仰和爱慕，骑士随时随地愿为这位女性效命。一般来讲，骑士们视恋人为一切美和德行的化身，对女性的尊重进一步发展成为对女性的崇拜，日耳曼人的这个传统在骑士文学中得到了延续，又对后来的文化发展产生影响，成为西方文化的一个内涵。

14世纪以后，英国资本主义工商业发展较快，市民阶级兴起，英语逐渐恢复了它的声誉，社会各阶层普遍使用英语，为优秀英语文学作品的产生提供了条件。杰弗利·乔叟（Geoffrey

Chaucer，1343—1400）的出现标志着以本土文学为主流的英国书面文学历史的开始。《坎特伯雷故事》（*The Canterbury Tales*）以一群香客从伦敦出发去坎特伯雷朝圣为线索，通过对香客的生动描绘和他们沿途讲述的故事，勾勒出一幅中世纪英国社会千姿百态生活风貌的图画。乔叟首创英雄诗行，即五步抑扬格双韵体，对英诗韵律做出了很大贡献，被誉为"英国诗歌之父"。乔叟的文笔精练优美，流畅自然，他的创作实践将英语提升到一个较高的文学水平，推动了英语作为英国统一的民族语言的进程。

二、文艺复兴时期文学（15 世纪后期—17 世纪初）

相对于欧洲其他国家来说，英国的文艺复兴起始较晚，通常认为是在 15 世纪末。文艺复兴时期形成的思想体系被称为人文主义，它主张以人为本，反对中世纪以神为中心的世界观，提倡积极进取、享受现世欢乐的生活理想。托马斯·莫尔（*Thomas · More*，1478—1535）是英国最主要的早期人文主义者，他的《乌托邦》（Utopia）批评了当时的英国和欧洲社会，设计了一个社会平等、财产公有、人们和谐相处的理想国。Utopia 现已成为空想主义的代名词，但乌托邦是作者对当时社会状况进行严肃思考的结果。《乌托邦》开创了英国哲理幻想小说传统的先河，这一传统从培根的《新大西岛》（*The New Atlantis*）、斯威夫特的《格列佛游记》（*Gulliver's Travels*）、勃特勒的《埃瑞璜》（*Erewhon*）一直延续到 20 世纪的科幻小说。文艺复兴时期诗歌创作繁荣，埃德蒙斯宾塞（Edmund Spenser，1552—1599）的长诗《仙后》（*The Faerie Queens*）歌颂女王，宣扬人文主义思想。他创造的"斯宾塞

诗体”每节诗有九行，韵律复杂，具有柔和动听、萦绕耳际的音乐性。弗兰西斯·培根（Francis Bacon，1561—1626）是这一时期最重要的散文家，他对文学的主要贡献是《论说文集》（Essays），共58篇。这些文章题材广泛，内容涉及哲学、宗教、政治制度以及婚姻、爱情、友谊、园艺、读书等，文笔典雅，略带古风而又明白畅达。英国戏剧起源于中世纪教堂的宗教仪式，取材于圣经故事的神秘剧和奇迹剧在十四、十五世纪英国舞台上占有主导地位，随后出现了以抽象概念作为剧中人物的道德剧。到了16世纪末，戏剧进入全盛时期。克里斯托弗·马洛（Christopher Marlowe，1564—1593）冲破旧的戏剧形式的束缚，创作了一种新戏剧。《帖木儿大帝》（Tamburlaine）、《浮士德博士的悲剧》（The Tragical History of the Life and Death of Dr. Faustus）、《马耳他岛的犹太人》（The Jew of Malta）等剧作反映了文艺复兴时期那种永无止境的探索精神和极端的个人主义精神。马洛将戏剧情节集中于一个主要角色的做法、他对人物性格的分析以及他的素体诗戏剧对白，对英国戏剧的发展做出了不可磨灭的贡献。

英国文艺复兴时期最杰出的作家是威廉·莎士比亚（William Shakespeare，1564—1616），他的全部作品包括两首长诗，154首十四行诗和38部（一说39部）戏剧。莎士比亚的主要剧作有喜剧《仲夏夜之梦》（*A Midsummer Night's Dream*）、《威尼斯商人》（*The Merchant of Venice*），悲剧《罗密欧与朱丽叶》（*Romeo and Juliet*）、《哈姆雷特》（*Hamlet*）、《奥赛罗》（*Othello*）、《李尔王》（*King Lear*）、《麦克白》（*Macbeth*），历史剧《亨利四世》（*Henry IV*），传奇剧《暴风雨》（*The Tempest*）等。

莎士比亚塑造了性格鲜明的人物形象，展现了封建制度和资本主义制度交替时期波澜壮阔的历史画面，宣扬了人文主义和个性解放。他的剧作思想内容深刻，艺术表现手法精湛，历经几个世纪，长演不衰。莎士比亚是语言大师，他娴熟地运用英语，将英语的丰富表现力推向极致。与莎士比亚同时或稍后还有一批剧作家在进行创作，本·琼森（Ben Johnson，1572—1637）是其中最主要的作家，莎士比亚曾在他的喜剧《人人高兴》（*Every Man in His Humor*）中扮演角色。琼森的讽刺喜剧《狐狸》（*Volpone*）、《炼金术士》（*The Alchemist*）揭露了当时社会人们追逐金钱的风气，喜剧性很强。

三、17 世纪文学

1603 年伊丽莎白女王去世后，英国国王与议会矛盾日趋激烈，政局动荡。1649 年 1 月国王查理一世被送上断头台，同年 5 月，英国宣布为共和国。约翰·弥尔顿（John Milton，1608—1674）积极投入资产阶级革命，曾任共和国政府拉丁秘书，写了不少文章捍卫共和国。1660 年，查理二世回国复辟，弥尔顿一度被捕入狱，在朋友的帮助下才得免一死，获释回家。在双目失明的状态下，他完成了长诗《失乐园》（*Paradise Lost*）和《复乐园》（*Paradise Regained*）、诗剧《力士参孙》（*Samson Agonistes*）。这些作品反映了王政复辟后弥尔顿内心的痛苦以及对资产阶级革命始终不渝的态度，文体雄伟庄严。17 世纪英国诗歌另外的一支是玄学派诗歌，代表诗人有约翰·邓恩（JohnDonne，1572—1631）和安德鲁·马韦尔（Andrew Marvell，1621—1678）。玄学派诗歌的特点是采用奇特的意象和别具匠心的比喻，融细腻的感情与深邃的思辨于一体。玄学

派诗歌在18和19世纪一直为世人所忽视，直到20世纪初，才从历史的尘封中重见天日，对现代主义诗风产生了很大影响。王政复辟时期最受人欢迎的作家是约翰·班扬（John Bunyan，1628—1688），他的《天路历程》（*The Pilgrim's Progress*）采用梦幻的形式讲述宗教寓言，但揭开梦幻的面纱，展现在读者面前的是17世纪英国社会的一幅现实主义图景。查理二世复辟后，被清教徒关闭的剧院重新开放，英国戏剧获得新生。这一时期出现的风俗喜剧是当时戏剧的最高成就，威廉康格里夫（William Congreve，1670—1729）的《以爱还爱》（*Love for Love*）、《如此世道》（*The Way of the World*）等剧作是风俗喜剧的代表作品。17世纪下半叶，约翰·德莱顿（John Dryden，1631—1700）驰骋文坛，集诗人、散文家、剧作家于一身。德莱顿关于戏剧创作和舞台艺术的论述构成英国戏剧史上第一组有分量的戏剧评论，他那简洁明朗的散文文体影响了18世纪许多作家的文风。

四、启蒙时期文学（17世纪后期—18世纪中期）

1688年的“光荣革命”推翻复辟王朝，确定了君主立宪制，建立起资产阶级和新贵族领导的政权，英国从此进入一个相对安定的发展时期。18世纪初，新古典主义成为时尚。新古典主义推崇理性，强调明晰、对称、节制、优雅，追求艺术形式的完美与和谐。亚历山大·蒲柏（Alexander Pope，1688—1744）是新古典主义诗歌的代表，他模仿罗马诗人，诗风精巧隽俏，内容以说教与讽刺为主，形式多用英雄双韵体，但缺乏深厚的感情。18世纪英国散文出现繁荣，散文风格基本建立在新古典主义美学原则之上。理查德·斯梯尔（Richard Steele，1672—

1729）与约瑟夫·艾迪生（Joseph Addison，1672—1719）创办《闲谈者》（*Tatler*）与《观察者》（*Spectator*）刊物，发表了许多以当时社会风俗、日常生活、文学趣味等为题材的文章，他们清新秀雅、轻捷流畅的文体成为后人模仿的典范。乔纳森·斯威夫特（Jonathan Swift，1667—1745）是英国文学史上最伟大的讽刺散文作家，他的文风纯朴平易而有力。斯威夫特的杰作《格列佛游记》（*Gulliver's Travels*）是一部极具魅力的儿童故事，同时包含着深刻的思想内容。作者通过对小人国、大人国、飞岛国、慧马国等虚构国度的描写，以理性为尺度，极其尖锐地讽刺和抨击了英国社会各领域的黑暗和罪恶。塞缪尔·约翰逊（Samuel Johnson，1709—1784）是18世纪英国人文主义文学批评的巨擘，《莎士比亚戏剧集序言》（*The Preface to Shakespeare*）和《诗人传》（*Lives of the Poets*）是他对文学批评做出的突出贡献。他从常识出发，在某些方面突破了新古典主义的框框，不乏真知灼见。约翰逊的散文风格自成一家，集拉丁散文的典雅、气势与英语散文的雄健、朴素于一体。约翰逊在英语词典编纂史上占有独特的地位，他克服重重困难，一人独自编纂《英语词典》（*A Dictionary of the English Language*），历时7年得以完成，这是英语史上第一部也是随后100年间英国唯一的标准辞书。约翰逊青史留名，也得益于詹姆斯·鲍斯韦尔（James Boswell，1740—1795）为他写的传记《约翰逊传》（*The Life of Samuel Johson*），该书逼真地再现了约翰逊的神态容貌及人格力量，标志着现代传记的开端。

18世纪被称为“散文世纪”的另一个原因是小说的兴起。丹尼尔·笛福（Daniel Defoe，1660—1731）的《鲁滨孙漂流

记》（Robinson Crusoe）采用写实的手法，描写主人公在孤岛上的生活，塑造了一个资产阶级开拓者和殖民主义者形象，具有时代精神。这部小说被认为是现实主义小说的创始之作，为笛福赢得“英国小说之父”的称号。笛福的另一部长篇小说《摩尔·弗兰德斯》（Moll Flanders）叙述女主人公摩尔在英国因生活所迫沦为娼妓和小偷的经历。现实主义小说在亨利·菲尔丁（Henry Fielding，1707—1754）的笔下得到进一步发展。他的《汤姆·琼斯》（Tom Jones）故事在乡村、路途及伦敦三个不同背景下展开，向读者展现了当时英国社会风貌的全景图。小说以代表自然本性的汤姆与代表理智、智慧的索菲娅终成眷属结尾，表达了感情要受理性节制的思想。全书共18卷，每卷都以作者对小说艺术的讨论开始，表现出菲尔丁对小说创作的一种理论上的自觉意识。与菲尔丁同时代的塞缪尔·理查逊（Samuel Richardson，1689—1761）采用书信体创作了《帕米拉》（Pamela）、《克拉丽莎》（Clarissa Harlowe）。他将视角投入年轻女主人公的内心深处，心理刻画淋漓尽致，令读者潸然泪下。托比亚斯·斯摩莱特（Tobias Smollett，1721—1771）是18世纪中叶颇具特色的小说家。他的《蓝登传》（The Adventures of Roderick Random）继承欧洲流浪汉小说传统，布局松散，是一连串发展迅速、好恶交替、变化急剧的冒险经历的组合。劳伦斯·斯特恩（Lawrence Sterne，1713—1768）的《项狄传》（The Life and Opinions of Tristram Shandy）打破了传统小说的叙述模式，写法奇特。小说各章长短不一，有的甚至是空白。书中充满长篇议论和插话，并出现乐谱、星号、省略号等。斯特恩对小说形式的实验引起20世纪俄国形式主义批评家的注意，《项狄传》被认为是“世界文学中最典型的小说”。评论家指出20世纪小说中的意识流手法可以追溯到这部奇异的小说。

18世纪中叶，英国发生了工业革命。许多作家对资本主义工业化发展给大自然和农村传统生活方式带来的破坏发出悲哀的感叹，以大自然和情感为主题的感伤主义作品一度流行。奥利弗·哥尔德斯密斯（Oliver Goldsmith，1730—1774）的长诗《荒村》（The Deserted Village）是感伤主义诗歌的杰作。他的《世界公民》（The Citizen of the World）原名为《中国人信札》（Chinese Letters），虚构了一个在伦敦游历的中国河南人李安济（Lien Chi Altangi），把他在伦敦的所见所闻写成书信寄回北京礼部官员，以中国人的眼光对英国的政治、司法、宗教、道德、社会风尚进行批评。詹姆斯·汤姆逊（James Thomson，1700—1748）的《四季歌》（The Seasons）、威廉·柯林斯（William Collins，1721—1759）的《黄昏颂》（Ode to Evening）、托马斯·格雷（Thomas Gray，1716—1771）的《墓园哀歌》（Elegy Written in a Country Churchyard）表达了诗人对时代纷乱状态的厌恶和对“自然简朴安排”的向往，吐露了他们的内心感受。英国诗歌开始逐渐摆脱新古典主义的束缚，理性的优势地位为感情或感受所代替。

五、浪漫主义时期文学（1798—1832）

18世纪末19世纪初，英国诗风大变。苏格兰农民诗人罗伯特·彭斯（Robert Burns，1759—1796）给英国诗坛带来一股新鲜的气息。他的抒情诗自然生动、感情真挚，讽刺诗尖锐锋利、妙趣横生。威廉·布莱克（William Blake，1757—1827）是版画家兼诗人，想象奇特，极富个性。他的短诗意象鲜明，语言

清新，后期的长诗内容比较晦涩。他在诗歌中建立起自己一套独特的神话体系，具有神秘主义色彩。布莱克的革命性、独创性和复杂性使他成为浪漫主义诗歌的先驱。

1798 年，威廉·华兹华斯（William Wordsworth，1770—1850）与塞缪尔·泰勒·柯勒律治（Samuel Taylor Coleridge，1772—1834）合作出版了一本小诗集《抒情歌谣集》（Lyrical Ballads），其中大部分诗歌出自华兹华斯之手，用简朴的语言描写简朴的生活。《抒情歌谣集》的问世标志着英国浪漫主义文学的真正崛起。华兹华斯在 1802 年诗集再版时写的序中对诗歌作出了著名定义："好诗是强烈感情的自然流溢。"浪漫主义是对新古典主义的反驳：诗歌内容不再是对现实的反映或道德说教，而是诗人内心涌出的真实感情；诗歌语言不是模仿经典作家去追求高雅精致，而是要贴近普通人的日常用语。浪漫主义诗人崇尚自然，主张返璞归真。浪漫主义是一个比较笼统的概念，每个诗人各有其特征。同样是"湖畔派"诗人，华兹华斯将大自然视为灵感的源泉，自然美景能给人力量和愉悦，具有疗效作用，使人的心灵净化和升华，柯勒律治则赋予自然神奇的色彩，擅长描绘瑰丽的超自然幻景。乔治·戈登·拜伦（George Gordon Byron，1788—1824）和波西·比希·雪莱（Percy Bysshe Shelley，1792—1822）属于革命诗人，但拜伦自我表现意识强烈，而雪莱深受柏拉图哲学影响，憧憬美丽的理想和理念。约翰·济慈（John Keats，1795—1821）一生追求美，是创造艺术美的天才诗人。19 世纪 20 年代初，济慈、雪莱和拜伦相继英年早逝，英国浪漫主义诗歌由强转弱，风势渐衰。

六、现实主义时期文学（19 世纪 30 年代—1918）

1837 年维多利亚女王（Queen Victoria，1819—1901）登基。在她的统治时期，英国一度取得世界贸易和工业的垄断地位，科学、文化、艺术出现繁荣的局面。维多利亚时代英国诗歌表现出与浪漫主义截然不同的诗风，诗人们不再沉湎于主观感情的发泄，而是注重形式的典雅，对诗艺精益求精。罗伯特·布朗宁（Robert Browning，1812—1889）早年从事过戏剧创作，后来专门写戏剧独白。戏剧独白是一种通过主人公的自白或议论来抒发情感的无韵体诗。在《皮帕走过了》（Pippa Passes）、《指环与书》（The Ring and the Book）等作品中，诗人带上“面具”，进入戏剧人物内心世界，以其口吻娓娓而谈，语言极为生动，说话者跃然纸上。阿尔弗雷德·丁尼生（Alfred Tennyson，1809—1892）在他漫长的艺术生涯中创作了大量的抒情诗、哲理诗和叙事诗，诗风凝重、典雅。丁尼生的剑桥挚友哈勒姆溺水而死，对他的诗歌创作产生了深远影响。诗人在挽诗《悼念》(In Memoriam A. H. H)中表达了真切的伤感和悲痛，同时反映了对生活本质和人类命运的思索和忧虑，成为时代的心声。19 世纪中叶，英国经济发展迅速，物质丰富，国力昌盛。但是资本主义制度所引起的各种社会矛盾十分尖锐，社会主义思潮开始流行，作为西方文明基石的基督教受到科学思想的挑战，日益衰微，在繁荣景象的背后潜伏着焦虑不安的暗流。马修·阿诺德（Matthew Arnold，1822—1888）敏锐地捕捉到时代的脉搏，在《写于雄伟的卡尔特寺院的诗章》（Stanzas from the Grande Chartreuse）中揭示了人们的处境：“彷徨在两个世界之间，一个已经死去，另一个无力诞生。”阿诺德是 19 世纪英国

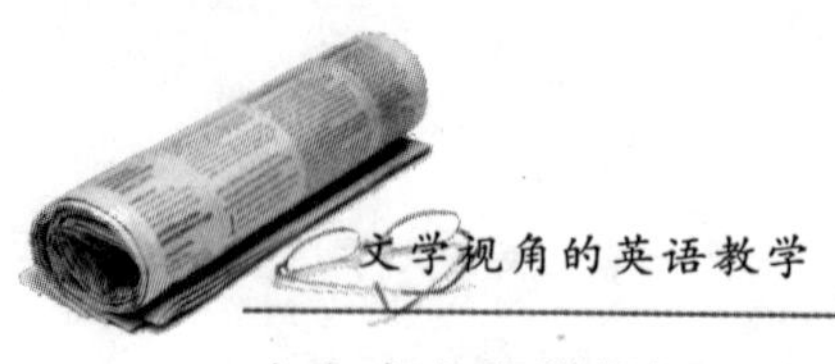

人文主义文学批评的杰出代表，他有对关文学与文化的论述对后世影响很大。

与诗歌相比，19 世纪英国小说成就更为辉煌。沃尔特·司各特（Walter Scott，1771—1832）的浪漫主义历史小说为他赢得“西欧历史小说之父”的声誉。《密得洛西恩监狱》（The Heart of Midlothian）、《艾凡赫》（Ivanhoe）等小说的特点是讲述卷入重大历史事件的普通人物的故事，并展示导致书中人物所作所为的那些社会力量和历史力量。与此相对照，简·奥斯丁（Jane Austen，1775—1817）则以女性作家特有的敏锐和细腻刻画英国乡村中产阶级的生活和思想。她认为：“一个乡村中的三四户人家是合适的写作对象。”《傲慢与偏见》（Pride and Prejudice）、《爱玛》（Emma）等作品涉及婚姻、爱情、门第和财产，小说结构精巧，人物对话机智，语言幽默含蓄，耐人寻味。勃朗特三姐妹在 19 世纪英国文学史上占有独特地位。夏洛蒂·勃朗特（Charlotte Bronte，1816—1855）的《简·爱》（Jane Eyre）是一部关于女主人公克服男性统治社会对女性的种种压制最后取得自主独立的成长小说，浪漫爱情故事的背后包含着严肃的思想内容，受到 20 世纪女性主义批评家的青睐。艾米丽·勃朗特（Emily Bronte，1818—1848）想象奇特，《呼啸山庄》（Wuthering Heights）采用间接叙述手法讲述一段刻骨铭心的恋情，小说中野性与文明、浪漫与现实反差强烈，具有神秘恐怖色彩。安妮·勃朗特（Anne Bronte，1820—1849）在《简·爱》和《呼啸山庄》问世的 1847 年也发表了小说《阿格尼斯·格雷》（Agnes Grey）。乔治·艾略特（George Eliot，1819—1880）是玛丽·安·伊万斯（Mary Ann Evans）的笔名，这位才女是

19 世纪现实主义小说的真正代表。《弗罗斯河上的磨坊》（The Mill on the Floss）、《织工马南》（Silas Marner）和《米德尔马契》（Middlemarch）等作品以写实手法展现英国的社会人生图画，对人物内心活动和行为动机的刻画十分生动细致，艾略特因此被誉为心理小说的先驱。查尔斯·狄更斯（Charles Dickens，1812—1870）是 19 世纪英国最伟大的小说家，其作品的深度和广度超过了同时代的任何作家。狄更斯的著名小说《雾都孤儿》（Oliver Twist）、《大卫·科波菲尔》（David Copperfield）、《远大前程》（Great Expectations）等均以孤儿为主人公，这与作家的不幸童年经历有关。《荒凉山庄》（Bleak House）揭露了英国司法制度的腐败与黑暗。《双城记》（A Tale of Two Cities）以法国大革命为背景，生动再现了当时伦敦和巴黎的局势，情节跌宕起伏。狄更斯在他的小说中展示了一幅幅维多利亚时代英国社会生活的画卷，但他是一位具有浪漫、幽默气质的作家，笔下经常出现性格怪异的人物。威廉·麦克皮斯·萨克雷（William Makepeace Thackray，1811—1863）是 19 世纪另一位出色的小说家，曾一度与狄更斯在文坛上平起平坐。《名利场》（Vanity Fair）通过女主人公丽贝卡·夏普不择手段跻身上流社会的故事，对势利者进行了无情的揭露和嘲讽。萨克雷的《亨利·埃斯蒙德》（The History of Henry Esmond）是英国文学史上一部杰出的历史小说。19 世纪中下叶其他重要的小说家还有安东尼·特罗洛普（Anthony Trollope，1815—1882），他是一位多产作家，发表小说达 47 部之多，主要作品是“巴塞特郡系列小说”（Barchester Series）。塞缪尔·勃特勒（Samuel Butler，1835—1902）的《埃瑞璜》是一部讽刺小说，“埃瑞璜”是英文 nowhere 的倒写，

通过一个游客在埃瑞璜的所见所闻，记述了这个乌托邦国家的生活，以此抨击和讽刺英国社会。他去世后出版的《众生之路》（The Way of All Life）批评英国中产阶级的价值观，矛头直指维多利亚时代的家庭、宗教、道德。

19 世纪末 20 世纪初，英国不少小说家创作出以“幻灭”为主题的小说，最为典型的是托马斯·哈代（Thomas Hardy，1840—1928）。哈代的小说一直以故乡多塞特郡和该郡附近的农村地区作为背景，早期作品描写的是英国农村的恬静景象和明朗的田园生活，后期作品明显变得阴郁低沉，其主题思想是无法控制的外部力量和内心冲动决定着个人命运，并造成悲剧。他的《德伯家的苔丝》（Tess of the D'Urbervilles）和《无名的裘德》（Jude the Obscure）讲述了英格兰南部农村青年男女走投无路、陷于绝望的悲剧故事。与此相对照，以海外为题材的小说作为英国当时海外扩张的折射，基调并不那样灰暗，如拉迪亚德·吉卜林（Rudyard Kipling， 1865—1936）的《吉姆》（Jim）宣扬了英雄主义的可能性，带有帝国主义色彩。约瑟夫·康拉德的小说展示了西方扩张主义转型的历史过程，并对此进行反思。《黑暗的心》（Heart of Darkness）表现出他对西方特别是比利时帝国主义的扩张、对民族剥削和压迫的不满。《吉姆老爷》（Lord Jim）的故事发生在东南亚马来地区，主人公执着于道德理念，因自己的过失常常遭受良心的谴责，为了赎罪，最后导致悲剧性结局，作品包含着对具有殖民主义色彩的英雄主义的批判。康拉德在小说布局、叙述角度及象征手法等方面有意识地进行一系列革新，他的小说成为英国现代主义文学的先声。题材范围进一步扩大，是这个时期小说创作的特点。

阿诺德·本涅特（Arnold Bennett，1867—1931）的《老妇谭》（Old Wives' Tale）等自然主义小说描绘了英格兰北部生产陶瓷的工业城镇生活。威廉·萨默塞特·毛姆（William Somerset Maugham，1874—1965）的创作也深受法国自然主义的影响，他的长篇小说《人性的枷锁》（Of Human Bondage）展现了主人公摆脱精神枷锁的过程。赫伯特·乔治·威尔斯（Herbert George Wells，1866—1946）创作的《时间机器》（The Time Machine）等一批科幻小说，将科学幻想与社会批评结合起来。约翰·高尔斯华绥（John Galsworthy，1867—1933）在《福尔赛世家》（The Forsyte Saga）中以批判的眼光揭示了资产阶级的家庭、社会关系。E. M. 福斯特（E. M. Forster，1879—1970）的《霍华兹别墅》（Howards End）针对英国社会经济与文化、富人与穷人、男性与女性之间愈益尖锐的矛盾冲突，探索建立“联结”关系的途径。在《印度之行》（A Passage to India）中，他将“联结”的思想运用于英帝国与殖民地关系这一更大的国际范围。柯南·道尔（Arthur Conan Doyle，1859—1930）塑造了智力超凡、逻辑严密、个性鲜明的福尔摩斯这一著名侦探形象。在柯南·道尔的侦探小说中，犯罪威胁了社会秩序的稳定，侦探的作用是通过破案来恢复平衡和稳定。

19 世纪末迎来英国戏剧的复兴。英国戏剧在 18 世纪除了哥尔德斯密斯的《屈身求爱》（She Stoops to Conquer）与理查德·布林斯利·谢里登（Richard Brinsley Sheridan，1751—1816）的讽刺喜剧《造谣学校》（The School for Scandal）之外，没有太多的建树。在随后的 100 年间，英国戏剧一直处于低迷状态。到了 19 世纪 90 年代，在易卜生等欧洲大陆剧作家的影响下，

英国发生了新戏运动，戏剧才摆脱了衰退、委顿的状况，呈现欣欣向荣的景象。喜剧天才奥斯卡·王尔德（Oscar Wilde，1854—1900）的风俗喜剧对上层社会进行揶揄讽刺，妙语连珠，充满似非而是的怪论、机智诙谐的俏皮话。萧伯纳（George Bernard Shaw，1856—1950）以易卜生为榜样，倡导一种有思想的“问题剧”，将社会问题引入剧坛，使戏剧走向现实。萧伯纳一生写了许多优秀的剧本，如《皮格马利翁》（Pygmalion）、《圣女贞德》（Saint Joan）等。他擅长表现舞台对话，人物语言锐利、简洁、风趣。王尔德和萧伯纳是戏剧复兴的里程碑，他们的戏剧创作活动使英国剧坛发生了根本的变化，一改英国戏剧百年不振的局面。

七、现代主义文学时期（1918—1945）

20世纪初，本涅特、威尔斯、高尔斯华绥坚持维多利亚时代的现实主义传统进行创作，用写实的方法记载社会转型时期资产阶级社会和家庭发生的变化。但他们很快就受到来自现代主义文学的挑战。按照弗吉妮亚·伍尔芙（Virginia Woolf，1882—1941）的说法，1910年是英国小说从传统现实主义到现代主义变化的重要年份。第一次世界大战无疑加速了这一变化。战争中，大批无辜青年充当炮灰，白白丧生。一战之后，不少英国人对文艺复兴以来人文主义有关人性、人类前途的基本观念乃至基督教文化传统的信念发生了动摇。社会思想观念的深刻变革，促使现代主义文学蓬勃发展，英国小说也面目一新。D.H.劳伦斯（D. H. Lawrence）是煤矿工人的儿子，他将视线投向两性关系，对西方文明的缺陷进行反思。《查特莱夫人的情人》（Lady Chatterley's Lover）曾因为大胆的性爱描写而在英美两国被查禁。他的《儿子与情人》（Sons and Lovers）、《虹》（The Rainbow）、《恋爱中的女人》（Women in Love）等小说将社会批评与性心理探索巧妙结合起来，猛烈抨击资本主义工业文明。作为对现实主义文学的反驳，现代主义文学追求心理真实，注重直接观察人物的心理活动，直接体验人物的内心感受，在内心世界这面镜子上折射出丰富多彩的外部现实。出生于书香世家的伍尔芙的突出成就是意识流小说。她的《达罗卫夫人》（Mrs. Dalloway）和《到灯塔去》（To the Lighthouse）等作品突破传统的时空观，将意识流手法运用得出神入化，还体现出女作家对于女性存在的历史及现状的独特反思。来自爱尔兰的詹姆斯·乔伊斯（James Joyce，1882—1941）被认为是继莎士比亚后英语文学史上最伟大的作家，他的旷世之作《尤利西斯》（Ulysses）给英国传统小说带来了一场革命。《尤利西斯》情节简单，主要记载迪达勒斯、布卢姆和布卢姆的妻子莫莉三个人物的日常琐事。小说实际上只写了爱尔兰首府都柏林一天里的事情。这一天是1904年6月16日，乔伊斯与他未来的妻子娜拉曾在这一天首次幽会，除此以外，它是都柏林历史上最普通不过的一个日子。乔伊斯在小说中力图展现的是生活的本质和对人的精神世界的探索，《尤利西斯》因此被有的评论家誉为表现了西方"现代社会的全部生活和全部历史"。《尤利西斯》的成功在于意识流描写表面上纷纷扬扬，漫无边际，实际上结构齐整，周密严谨。

20世纪20年代是英国文学史上又一个辉煌的黄金年代，文坛群星璀璨，佳作迭出。在诗歌领域，T. S. 艾略特（T.S. Eliot，1888—1965）于1922年发表《荒原》（The Waste

Land），运用大量的神话描绘战后西方世界精神失落的景象，表达人的再生的希望。他的诗作代表了现代主义诗歌创作的突出成就。爱尔兰诗人威廉·勃特勒·叶芝（William Butler Yeats，1865—1939）努力建立自己的神秘主义象征体系，深入探讨人生哲学问题。叶芝的创作道路由传统走向现代，折射出英语诗坛的过渡与变迁，代表了现代诗人摆脱旧时代的影响，创立现代诗风的历程。

英国现代主义文学在思想内容和艺术形式上都力图摆脱传统的束缚，具有前卫色彩。从本质上讲，现代主义文学是精英文学，《尤利西斯》出版后，一般市井百姓很少有人问津。在以危机和战争为时代特征的20世纪三四十年代，严峻的社会现实，尖锐的社会矛盾，紧迫的社会问题，为现实主义文学传统的回归创造了条件，采用写实手法的小说再度受到人们的欢迎。30年代的英国小说在主题上从内倾变为外向，表现社会对个人命运的主导影响，在形式上则从前卫转向保守，采用传统叙述手法。这一时期英国文坛出现了几种走向：一是关注当代政治和社会问题，创作具有左翼倾向的文学。二是抨击资产阶级中上层社会的腐败堕落，创作社会讽刺小说。伊夫林·沃（Evelyn Waugh，1903—1966）在《罪恶的躯体》（Vile Bodies）、《一捧尘土》（A Handful of Dust）等作品中描绘英国社会婚姻、家庭、学校、宗教、政治生活中的荒唐、邪恶与堕落。三是消遣性文学的流行。J. B. 普里斯特利（J. B. Priestley，1894—1984）以具有喜剧意味的形式讲述社会各阶层的人生故事，展现英国广大地区的生活百态。“侦探小说女皇”阿加莎·克里斯蒂（Agatha Christie，1891—1976）在《东方快车上的谋杀案》（Murder on the Orient Express）、《尼罗河上的惨案》（Death on the Nile）等侦探小说里精心编织跌宕起伏、扑朔迷离的故事情节，为读者逃避严峻的社会现实提供一个想象世界。

20世纪30年代还涌现出两位风格独特的作家：格雷厄姆·格林（Graham Greene，1904—1991）和罗伯特·格雷夫斯（Robert Graves，1895—1985）。格林作为一名信仰天主教的作家，致力于探究现代社会中人类的精神危机，记录个人灵魂在善恶之间的煎熬，并将探索人的内心世界与反映当代政治和社会问题结合起来。30年代末问世的《布赖顿硬糖》（Brighton Rock）与《权力与光荣》（The Power and the Glory）奠定了他作为20世纪英国重要小说家的地位。格雷夫斯是诗人兼小说家，他的古罗马帝国三部曲《我，克劳迪斯》（I，Claudius）、《克劳迪斯神和他的妻子梅萨利纳》（Claudius the God and His Wife Messalina）、《贝利萨里乌斯伯爵》（Count Belisarius）是现代历史小说的经典之作，现实主义的表现手法使生活在古代的人物具有亲近感，同时又保持了历史性。

八、当代文学（1945— ）

1945年第二次世界大战结束，英国从多年的战时状态转入和平时期，但国力已严重削弱，对现实的忧虑和不满浮现在战后初期的英国小说中。乔治·奥威尔（George Orwell，1903—1950）的政治寓言小说《动物农场》（Animal Farm）和《一九八四年》（Nineteen Eighty Four）表现出强烈的社会责任心和对极权主义威胁的忧虑，独树一帜。戈尔丁（William Golding，1911—1993）于1954年发表《蝇王》（Lord of the Flies），深入探讨人性的善恶，使他一举成名。在历经两次世界大战之后，

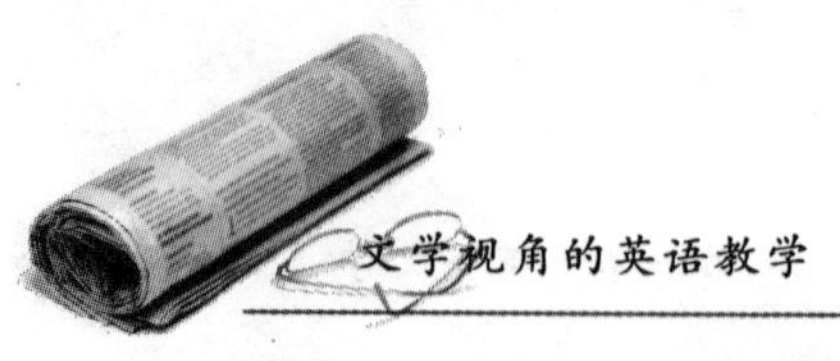

戈尔丁对人性恶的描写无疑具有强烈的时代感和深刻性。

20世纪50年代还涌现出一批具有现实主义倾向的新作家。金斯利·艾米斯（Kingsley Amis，1922— ）和约翰·韦恩（John Wain，1925—1994）等人被称为“愤怒的青年”，因为他们在小说中抒发了对英国社会等级森严、贫富不均现状的愤怒和不满。金斯利·艾米斯在《幸运儿吉姆》（Lucky Jim）中编织的“不幸者意想不到地得到幸运”的情节深受读者的喜爱，是“愤怒的青年”一派的代表作。“愤怒的青年”的特点在于表现新的内容，而不是创造新的文学形式，他们在艺术上并没有突破。英国文坛直到20世纪60年代实验主义小说的出现，才让人们看到艺术创新的方向。与欧洲大陆和美国相比，英国实验主义小说姗姗来迟，并且和现实主义传统交相融合。约翰·福尔斯（John Fowles，1926— ）是实验主义作家的杰出代表，他的长篇小说《法国中尉的女人》（The French Lieutenant's Woman）于1969年问世。这是他在技巧革新和观念表达方面最成功的小说。福尔斯为故事提供了三种不同的结局，并运用了许多实验性因素，包括戏仿、元小说和小说叙述角度的变换及其对读者的开放性。

战后英国文坛一个令人瞩目的现象是妇女作家的崛起，她们的创作不仅有从女性视角去表现当代妇女在男权社会所受的压抑以及女性自我意识的觉醒一面，还有回避女性自我意识，以非性别化的作家身份去观察世界、表现生活的一面。多丽丝·莱辛（Doris Lessing，1919— ）是战后英国最杰出的妇女作家，她的小说带有强烈的现实主义倾向和鲜明的时代特色，立足于人和社会，反思当代政治和文化思潮，并从不同的角度反映人和社会的真实状况。穆丽尔·斯帕克（Muriel Spark，1918— ）是一个信奉天主教的作家，她以独特的方式表达她对现代罪人的关切。另一位女作家艾丽丝·默多克（Iris Murdoch，1919—1999）曾在牛津大学讲授哲学，是一位在哲学上有很深造诣的小说家。她的小说以各种方式探讨自由、责任、爱的意义，带有很强的哲理性。《在网下》（Under the Net）、《沙堡》（The Sandcastle）、《钟》（The Bell）等小说将深邃的哲学理念、冷静的道德探索和独特的叙述方法结合起来，作者对人类生存状况的思索，给人以启迪。

第二次世界大战期间和战后初期，英国戏剧创作除了艾略特的诗剧以外，总体来说，呈现出一种不景气的状态。20世纪50年代中叶，出现了一批颇具特色的新戏，给英国戏剧发展带来了活力。1955年8月3日，塞缪尔·贝克特（Samuel Beckett，1906— ）的《等待戈多》（Waiting for Gogot）首次用英语在伦敦公演。1956年5月8日约翰·奥斯本（John Osborne，1929— ）的《愤怒的回顾》（Look Back in Anger）在皇家宫廷剧院首场演出。贝克特和奥斯本两位剧作家的创作分别代表五六十年代英国戏剧发展的两个主要方向，即荒诞派戏剧和写实主义戏剧。哈罗德·品特（Harold Pinter，1930— ）的“威胁喜剧”明显带有荒诞色彩，而阿诺德·韦斯克（Arnold Wesker，1932— ）的《大麦鸡汤》（Chicken Soup with Barley）等剧作则以写实的手法表现伦敦东区下层人民的生活，他与奥斯本等人的作品被冠以“厨房洗碗池戏”的称号。荒诞派戏剧和写实主义戏剧的表现内容、创作风格各不相同，但它们都打破了传统的戏剧体裁的束缚。60年代末，英国舞台

又掀起了新戏的第二次浪潮，汤姆·斯托帕德（Tom Stoppard，1937—）富有想象力的“模仿作品”《罗森格兰兹和吉尔登斯吞死了》（Rosencrantz and Guildenstern Are Dead），从莎士比亚的《哈姆雷特》中取出两个次要人物，让他们占据舞台的中心，剧情具有荒诞的特点。彼得·沙弗（Peter Shaffer，1926—）是英国当代剧坛一位才华出众的剧作家，他的《上帝的宠儿》（Amadeus）讲述莫扎特和他同时代的宫廷作曲家沙里日的故事，场面宏大，具有音乐剧般磅礴的气势，深受观众的欢迎。

20 世纪上半叶，艾略特雄踞英美诗坛，他的诗歌创作和文学批评思想对同时代和随后的诗人产生了深远影响。30 年代，迪伦·托马斯（Dylan Thomas，1914—1953）以他独特的方式继续推进现代主义诗歌的实验和创新。50 年代，以菲力普·拉金（Philip Larkin，1922—1985）为代表的“运动派”诗人反对托马斯的浪漫主义风格，力图恢复 18 世纪以前英国诗歌传统，他们的诗作具有浓郁的英国本土风情和机智、冷峻的特色。特德·休斯（Ted Hughes，1930—1998）的许多诗都是写动物的，但倾注于其间的是人类的感情。诗人通过动物来展露自然及人类的残暴性。70 年代以来英国诗歌从整体上看呈多极发展，地域性的倾向明显。爱尔兰诗人西默斯·希尼（Seamus Heaney，1939— ）的诗歌题材是农村的传统生活，他对田园景象的描写使人想起华兹华斯。1995 年希尼获诺贝尔文学奖。

八九十年代，英国文坛一批新秀崭露头角，马丁·艾米（Martin Amis，1949— ）是同代人当中的佼佼者。小说《钞票：绝命书》（Money: A Suicide Note）批判了英美资本主义社会对金钱的疯狂崇拜。《时光之箭》（Time’s Arrow）的叙述手法独特，把“时光之箭”的走向反拨过来，使得时光倒流。小说像倒放录像带一样，把主人公成为奥茨维辛集中营里纳粹医生这一过程的顺序颠倒了过来。艾米斯的创作受到卡夫卡、罗布格里耶、博尔赫斯等人影响，作品中现实主义的叙述伴随着意识流、黑色幽默、魔幻现实主义等现代手法。这一时期不少小说家对历史题材很感兴趣，创作了一批优秀作品，如格雷厄姆·斯威夫特（Grahm Swift 1949—　）描写东英吉利地方史的《洼地》（Waterland）、彼得·艾克罗伊德（Peter Ackroyd，1949—　）的《王尔德的最后证词》（The Last Testament of Oscar Wilde）、朱利安·巴恩斯（Julian Barnes，1946—　）的《福楼拜的鹦鹉》（Flaubert’s Parrot）等。这些作品受后现代主义思潮的影响，被评论家称为“新型历史小说”，其特点是在讲述历史的过程当中，质疑“真实”观念，叙述者获得一种自我认识。新一代妇女作家的杰出代表是A.S.拜厄特（A. S. Byatt，1936—　）和玛格丽特·德拉布尔（Margaret Drabble，1939—　）姐妹俩。她们是英国文学研究专家，属于知识型妇女作家。拜厄特曾在大学任教，德拉布尔是《牛津英国文学指南》的主编。拜厄特的《占有》（Possession）把维多利亚时代诗人的精神境界与现代学者的精神状态作比较，故事情节在历史与现代的两段感情经历中平行展开，过去与现在相互交融，前者对后者产生影响。

与此同时，英国少数裔作家也在小说创作上取得了令人瞩目的成绩。V. S. 奈保尔（V. S. Naipaul，1932—　）出生于特立尼达一个印度裔家庭，1950年获政府奖学金进入英国牛津大学，攻读英国文学，1954年获学士学位后，在英国定居。《比

斯瓦斯先生的房子》（A House for Mr Biswas）通过追述比斯瓦斯先生一生的经历，生动描绘了特立尼达的印度裔居民的生活方式和风俗习惯。《河湾》（A Bend in the River）揭露了非洲新独立国家独裁统治的暴政和腐败。奈保尔在作品中将虚构的故事、真实的叙述、自传性文字相融合，出色地表现了现代人缺乏归属感的生存状态。2001 年奈保尔获诺贝尔文学奖。出生于印度孟买穆斯林富商之家的萨尔曼·拉什迪（Salman Rushdie，1947— ）是传奇式人物，他的争议小说《撒旦诗篇》（Satanic Verses）因为不恰当地影射先知和《古兰经》，引起伊斯兰世界广泛抗议。拉什迪的《子夜诞生的孩子》（Midnight's Children）是部杰作，1981 年获布克奖，1993 年又获为纪念布克奖设立 25 周年而颁发的“25 年来最佳小说布克奖”。小说将印度次大陆半个多世纪的风风雨雨、光怪陆离的社会现象、不同的宗教、文化和信仰掺和在一起，神话、寓言、传说、双关妙语和市井俚语混杂在一起，栩栩如生地传达了民间传统、宗教冲突和都市生活的图景。石黑一雄（Kazuo Ishguro，1954—）是日本裔作家，5 岁时跟随父亲来到英国，《盛事遗踪》（The Remains of the Day）荣获 1989 年布克奖时他才 35 岁。主人公史蒂文斯是一位英国贵族庄园管家，他在 6 天的回忆中，重新构建、反思消失的过去。《盛事遗踪》视角独特，从一个管家的眼睛来看 20 世纪 30 年代的欧洲，作者不直接写历史重大事件，而是通过家事来写国事、天下事。石黑一雄 20 世纪 90 年代中期发表的《未能安慰的人》（The Unconsoled）一改自己的创作风格，是一部卡夫卡式作品，展现了一个梦幻般超现实的世界。

20世纪末英国文坛异彩纷呈，现实主义与实验主义交错重叠，妇女作家和少数裔作家异军突起，英国文学呈多元化发展趋势。

第二节　英美文学的发展

在《解放了的普罗米修斯》（1820）里他师法埃斯库罗斯而又不取其懦弱，重申人的复兴的胜利，诗句挺拔，取得了辉煌成就。而济慈，这个英年夭折的天才，在1819年一年之内，写出了他几乎全部最重要的诗篇：《心灵》《夜莺》《希腊古瓮》《秋颂》《许佩里翁》，每一篇都使人感染到年轻诗人是怎样不知疲倦地追求着美，然而这却只使他更憬然于当时英国无处不见的丑，使他明白“只有那些把世界的苦难当作苦难，而且苦难使他们不能安息的人”才能达到艺术巅峰。正是这对于“世界的苦难”所感到的切肤之痛，使得济慈的诗篇不仅瑰丽，而且深刻。

这一时期诗歌还有司各特、克莱普、莫尔、坎贝尔、胡德等人的作品，总的成就是惊人的。英国文学史上，莎士比亚去世以后，没有另外一个时期有这样多的第一流诗人，创作了这样大量的为后世所珍视的第一流作品。

浪漫主义也有著名的散文作家，如哈兹里特和兰姆，前者的《时代的精神》（1825）是精辟的文论；后者的《伊利亚随笔集》（1823）以其风趣、典雅得到了英国和世界无数读者的欣赏。此外还有《一个英国鸦片服用者的自白》（1821）的作者德·昆西，《幻想的对话》（1824—1848）的作者兰道尔，都讲究风格，喜作“美文”。德·昆西还运用词句的音韵，试图在散文中造成诗的效果。与之成为对照的是平民政治家科贝特所写的《骑马乡行记》（1830），结合对民生疾苦的观察和美好山水的感悟，表明朴实有力的平易散文仍在发展。散文的更大成就见于小说。原来以写诗出名的司各特从1814年起写了27部长篇历史小说，用雄迈的文笔再现了苏格兰、英格兰和欧洲历史上的一些有突出意义的事件，包括人民起义、民族矛盾、宗教冲突和近代国家在反封建的斗争中的建立，展示了历史的进程，刻画了众多的英雄人物，留下了《威弗利》（1814）、《罗布·罗伊》（1817）、《米德洛西恩的监狱》（1818）、《艾凡赫》（1819）等名著，不仅创建了一个新的小说部门，而且对英、法、德、意、俄、美等国的小说写作产生了影响。同样有影响的，特别在英语国家的读者当中，是女作家奥斯丁。她一共写了6部小说，都以乡下绅士家女儿的婚姻为主题，用笔细腻而略带嘲讽，写出了真爱情的可贵，伪善的可笑，创造了一类有见地、有个性的新的青年妇女典型，而小说结构匀称，组织紧密，其中《傲慢与偏见》（1813）与《爱玛》（1815）尤为精心之作。小说在19世纪40—50年代得到更大的发展，这也是英国国内阶级斗争激化的时期。列宁称为“世界上第一次广泛的、真正群众性的、政治性的无产阶级运动即宪章运动”带来了宪章派文学。同时科学技术在加快发展，达尔文的划时代的进化论给了传统信仰以猛烈冲击。在宗教界内部，出现了围绕“牛津运动”的论争。在政界和舆论界，围绕谷物法和“英国现状”问题展开了时间更长的论争。论争锻炼了散文。正是在这个多事之秋，散文文学成果累累，卡莱尔的《法国革命》（1837）和《过去和现在》

（1843）、麦考莱的《英国史》（1849—1861）、罗斯金的《威尼斯之石》（1851—1853）、穆勒的《论自由》（1859）等便是明证。读者层也在急剧扩大；不少新刊物问世，开始了逐期连载长篇作品的做法。

这样的环境和气氛使小说作者更加关心社会上的重大问题。狄更斯最初用幽默风趣的笔触写了《匹克威克外传》（1837），使人们感染到他的乐观主义；而不过两年，他就在《奥列佛·特维斯特》（1838）里写孤儿的苦难和伦敦贼窟的黑暗；进入19世纪40年代，他又写了一系列小说揭发崇拜金钱的罪恶后果，其中《董贝父子》（1848）尤为深刻；《大卫·科波菲尔》（1850）是一部充满人世沧桑之感的成熟作品；接着而来的《荒凉山庄》（1853）、《艰难时世》（1854）与《小杜丽》（1857）则更见阴郁；《双城记》（1859）强烈地谴责了法国贵族的残酷，也表达了作者对于人民采取暴烈行动的戒惧；19世纪60年代的《远大前程》（1861）写的是前程渺茫，而《我们共同的朋友》（1865）则用巨大的垃圾堆来做英国社会的象征。象征手法的更多使用和对于小说结构的注意是他后期小说的特点，表示了他在小说艺术上的发展；然而他最吸引读者的依然是他一贯保持的优点，即真实的细节与诗意的气氛的结合，幽默、风趣与悲剧性的基本人生处境的结合，具体情节与深远的社会意义的结合。这些结合加上他对于语言的莎士比亚式的运用，使狄更斯的小说不仅内容丰富、深刻，而且以其艺术上的创新对欧洲现实主义小说的发展做出了独特贡献。

同样关心社会问题但在范围与写法上不同于狄更斯的还有一大批作家。萨克雷的《名利场》（1847—1848）是另一部有长远吸引力的巨著，用文雅的笔法讽刺了上层社会的贪婪和欺诈，而他的《亨利·埃斯蒙德》（1852）则发扬了英国历史小说的优良传统。1847—1848年间是英国小说的“奇迹年”：除了狄更斯的《董贝父子》和萨克雷的《名利场》外，还出版了夏洛蒂·勃朗特的《简·爱》，埃米莉·勃朗特的《呼啸山庄》，盖斯凯尔夫人的《玛丽·巴顿》。更多女作家的出现是一个值得注意的现象，而她们各有特长：盖斯凯尔夫人用同情的笔调写工人斗争；勃朗特姊妹一个把倔强、有个性的家庭女教师放在小说的中心，让她对有钱的小姐们发出抗议的声音；另一个则用炽热的情感写爱与恨的故事，以荒凉的约克郡的野地为背景，情节中充满19世纪40年代特有的严厉性。稍后，另一个女作家乔治·艾略特写了一系列剖析伦理问题的小说，其中充满田野景色的《弗洛斯河上的磨坊》（1860）是一部动人的悲剧，而她的晚年作品《米德尔马奇》（1871—1872）则又以缺乏爱情的痛苦的婚姻生活为中心，细致、深入地描写了一整个小市镇的形形色色的人物。此外，这一时期里还有迪斯雷利写贫富对立的两个英国的社会小说，里德和金斯利写为社会改革服务的揭露小说，特罗洛普写小镇故事和以内阁和议会为中心的政治小说，科林斯写对狄更斯也产生了影响的侦探小说，都留下了出色作品。 进入19世纪的后30年，英国小说依然活力不衰，题材范围继续扩大。梅瑞狄斯的《利己主义者》（1879）细致地分析了英国绅士在婚姻问题上的虚妄的自信，而他的《维托利亚》（1867）和《克劳斯威的黛安娜》（1885）又描绘了一类参与政治斗争的新女性；劳瑟福德在《皮市巷的革命》（1887）里写相信“异议派”教义的手工业者，勃特勒在《众生之路》（1903）

里写维多利亚时期中产阶级的冰冷无爱的家庭生活，威廉·莫里斯在《梦见约翰·保尔》（1888）里怀念举行1381年起义的壮士。

一、英美文学——现实主义文学时期

现实主义是文学艺术的基本创作方法之一，其实际运用时间相当欠远，但直到19世纪50年代才由法国画家库尔贝和作家夏夫列里作为一个名称提出来，恩格斯为“现实主义”下的定义是：除了细节的真实外，还要真实的再现典型环境中的典型人物。（1888年4月初致玛·哈克奈斯信）

在文学艺术创作中，现实主义是与浪漫主义并驾齐驱的两大思潮，其注重事实或现实；不受理想主义、臆测或感伤主义影响的客观过程；客观地而不凭感情地去处理思想和行动，反对一切不切实际或空想的性格。

二、英美文学——超现实主义文学时期

超现实主义是20世纪20年代兴起于法国的现代资产阶级文艺思潮，也是第一次世界大战后在法国出现的一个文学艺术流派，它的追随者遍及美国、比利时、瑞士、德国、南斯拉夫、希腊、美国、墨西哥、巴西、日本及非洲。

超现实主义是从达达主义发展而来的。达达主义由特里斯唐·查拉于1916年在瑞士的苏黎世创立。“达达”一词是全无意义的。它实际上是主张推翻一切传统的写作技巧，完全打乱人的思维表达方式，企图以毫无意义的文字堆积取得惊人的效果。达达主义没有系统的理论，也没有成功的创作，只存在了短短的几年。超现实主义一词最先是在阿波利奈尔一个剧本序（1917）中提出的：“人当初企图模仿行走，所创造的车轮子却不像一条腿。这样，人就在不知不觉中创造出超现实主义。”

1919年，安德烈·布勒东和保尔·艾吕雅、路易·阿拉贡等创办了《文学》杂志，进行了超现实主义的实验。1924年法国作家布勒等人在巴黎创立“超现实主义研究室”，并发表《超现实主义宣言》，创办《超现实主义革命》杂志，宣布了这一流派的思想倾向和艺术观点。他们以柏格森的直觉主义和弗洛伊德的精神分析学说为哲学基础，否定文艺反映现实生活的基本创作规律，鼓吹超越现实，超越理智，用“自然写作”的方法（即不受理性、道德准则制约的写作法）来表现思想的真实活动。他们相信梦幻的下意识比事实更能表现出精神深处的真实，因此提出要挖掘久受压抑的下意识世界，使之居于主宰的地位。超现实主义作品大多杂乱无章，荒谬混乱，有的甚至用晦涩难懂的符号来代替文字，反映了当时欧洲青年一代苦闷彷徨和找不到出路的狂乱不安的精神状态。除布勒东外，这一流派的代表作家还有法国的艾吕雅和阿拉贡、英国的托马斯等人。

至1930年为止的整整十年，是超现实主义的兴盛时期。随后，超现实主义的阵营产生了分裂，阿拉贡和艾吕雅先后退出。

在理论上，超现实主义提出了一套文学主张。它的理论依据来自弗洛伊德的潜意识学和关于梦的阐释。超现实主义认为，文学艺术要在人的复杂性后面发现它的统一；现实的表面不足于反映实现本身；超于现实之上存在着“某种组合形式”，这种形式能达到事物的本质。这种形式一种是潜意识，另一种就是梦。潜意识，反映了人的灵魂和世界的内在秘密；表达了潜意识，才能达到人对自己的完全意识，才能解释现实世界的动因。梦，把人秘而不宣的东西完全剥露出来，既显示了过去和现在，

也预知着未来。

超现实主义者极端强调人的内在意识的重要性，反映了他们对外在世界的一种厌倦情绪。他们自我标榜是“精神的反叛者”，并要以他们的作品去实现这场“血腥的革命”。否定西方文明，中止人们的现存关系。所以，他们的言论既有不满现实的一面，又深深打上了虚无主义和无政府主义的烙印。

超现实主义在艺术上还提出要注意幽默的手法，认为有了幽默表明作家不向社会偏见屈服，这种手法是“绝望的面具”。因此，超现实主义的作品具有对一切事物采取笑谑态度的特点，被称为“黑色幽默”。超现实主义还提出追求“神奇”“奇特”的艺术效果，他们的创作寓于各种不同的令人预料不到的形象比喻，故他们的作品都有意象丰富新颖的特色。但在很多场合下，由于比喻过于庞杂，想象过于离奇，又往往导致怪诞、晦涩和不可理解。最后，超现实主义主张自动地“记录思想，摒弃理智的一切控制，排除一切美学和道德的考虑”，为此，采用了一种“自动写作法”，既把梦幻和一刹那间的潜意识记录下来，而不考虑文学之间的联系和美学效果。但超现实主义的这种尝试并没有取得“解放诗歌”的预期效果，反而使他们的大多数作品不可卒读。

超现实主义存在的时间较长，这个流派颇有吸引力和生命力，不少的现代派都受其理论影响并加以发展。

三、英美文学——后现代主义文学时期

后现代主义时期是第二次世界大战之后西方社会中出现的范围广泛的文学思潮，于 20 世纪 70—80 年代达到高潮。无论在文艺思想还是在创作技巧上，后现代主义文学都是现代主义

文学的延续和发展。主流学术界曾经不区分“现代”和“后现代”两个概念，但由于二战之后文学发展的特征已经远远超过了传统的“现代主义”所能涵盖的范围，因此将后现代主义文学看作一个独立的文学思潮，和古典主义、浪漫主义、现实主义以及现代主义并举。

第三节　英美文学在中国的发展状况

一、外国文学期刊及其发展历史

从新时期的历史背景我们可以看到，一种环境下文化的发展也必然会经历阶段性的变化，而英美文学在我国的介绍和传播离不开主流刊物的推动。中华人民共和国成立以来，我国先后成立过许多专业出版社来出版发行英美文学作品，发展到今天，最具代表性的是《译林》《外国文艺》《世界文学》等。当我们研究英美文学在我国的发展时，可以通过上述几个核心期刊对于英美文学的译介，从刊登内容、方式、语言等的不同，来体会我国通过不同时期对英美文化的态度。《译林》创刊于1979年11月，从江苏人民出版社的《译林》编辑部发展到译林出版社，从一个地方性刊物发展到全国著名的期刊，其发展历史可以见证中国对于英美文学译介的发展。《译林》在创刊伊始，便将自身定位为“以译介外国当今有影响的新作为重点”，因此其内容的选材聚焦在当代西方通俗文学作品。通过对这些文学作品的译介，使得《译林》成为人们了解西方当代社会和生活的一个窗口，为人们提供了一定的资料和信息。然而，其刊登的内容也给它带来了一定的社会影响，如创刊初期的《尼罗河惨案》在读者中引起波动的同时也使其编辑部卷入一场不大不小的风波，当时正值“文革”刚刚结束、人们思想开始解锢的时期，这样一部小说的刊登引起了社会的争论，而争论的结果是使人们思想丰富的同时，该本期刊也得到认同。后随时间的推移和社会物质、思想的发展，《译林》刊登的内容也有相应的变化，而这种变化无不彰显着特定时期的主流思想和文化的影响。《世界文学》最初创办于 1953 年，刊名为《译文》以纪念鲁迅先生；1959 年改名为《世界文学》，主要刊登中国学者的评论；该期刊以发展我国文化事业和精神文明建设为其办刊宗旨；就阅读对象而言，其为文化创作者、理论界和高校师生提供了丰富的外国文学名著，体现着其精英路线和名家名篇的发展之路。《外国文艺》创办于 1979 年，以“介绍当代外国文学作品”作为其创刊宗旨，系统且重点地介绍了外国著名作家、艺术家及评论家的作品和理论，为了解国外的文化思潮提供了大量的信息和资料。就内容而言，其选篇相对较短，更多的关注作者的文学成就等，并且该刊每年的第一期用于介绍上年度诺贝尔文学奖的作家及其代表作品，从而使读者能够更好地了解西方文学的发展动态。上述三大外国文学期刊在创刊宗旨和刊登内容方面有着区别，但是三者在中国介绍西方文化和英美文学的译介方面都发挥着重要的作用，三者的发展历史也向我们讲述着中国在对待西方文化的态度的转变和中国文化的发展与融合的历史。

二、从外国文学期刊的发展探视其对英美文学的译介

《世界文学》《外国文艺》《译林》在创刊之初的定位和宗旨的区别使其在刊登内容的选择上各有侧重，当我们研究英美文学的译介时，便可以从不同时期各刊物对于英美文学译介的侧重点和内容的选择为切入点深入研究。《世界文学》其刊

名中“世界”两字便将关注的范围大为扩展，说明了它所关注的是世界著名作家及作品。在创刊初期，由文化界名人担任历届主编，保证了文章选取和翻译的质量。同时，随着国内思想的变化，杂志所选取的文章也会有内容和国别的变化和差异。这种变化和差异让我们看到当时中国的主流思想方向，也让我们看到当时的人们对于英美文学的态度及对其文化的接受和理解程度。《译林》作为人们了解世界的窗口，其所刊登的是最近国外发表的作品，更直接地反映国外的现实生活，其所关注的重点是经济发展前沿的国家和地区。自创刊以来，其发表的长篇小说中，英国和美国的作品占有极大的比例。而对于这些作品的刊载，随时间的变化有所不同，或以一种评论形式出现，或以完整的翻译，或者夹译夹评，刊登的形式和内容是对于英美文化译介的体现。《外国文艺》以文学为主，但是也兼具了美术和文学理论的内容。其刊登内容除国外的诗歌、小说、评论等文学作品外，还包括美术作品和美术家的介绍。通过这样一种多元的形式，使人们更好地了解国外的文化。在这些内容中，如将英美文化的内容按照时间顺序罗列归类，会看到不同时期对于不同的文化内容、思想流派和艺术流派的介绍和评论。透过这些文字的东西，我们收获的是某一特定历史时期学者们对于外国文化的引介和思想诉求，同时也体现着整个社会的主流思想。历史是一个纵向的脉络，我们对英美文学译介的研究需要通过纵向的时间梳理来获得其发展的路径，也需要横向的比较总结其不同特点。新时期主要的外国文学期刊的发展历史，为我们呈现出英美文学在我国的译介发展，同时，不同期刊内容的对比也会让我们看到在同一时期不同视角下的英美文化在

我国的发展。沿着这样一个方向去探寻和研究，我们能够更好地去树立中心，探寻英美文学在我国的译介发展。

三、外国文学期刊在英美文学译介方面的发展方向

发展是一个前后相继的过程。我们探寻外国文学期刊对英美文学的译介研究的意义莫过于为英美文学在我国的发展寻得一定的方向。通过历史的脉络分析和世界经济文化的发展，我们可以从以下方面来推动英美文学的译介发展：首先，外国文学期刊应适应新时期的要求不断做出调整和变化。新时期，信息和科技的发展给传统出版行业带来了极大的挑战，信息的不断丰富和网络技术的发展使得纸质媒体受到冲击，在这种情况下，外国文学期刊的发展方向和前景是不得不考虑的。竞争中求生存，形式变化的同时也需要内容的极大丰富和调整，但是，内容的变化还应该掌握当下思想文化发展的方向，为社会思想的发展做出正确的引导。其次，在出版内容的选择上，应该秉承其创刊宗旨，选择优秀的作品。主流刊物对于社会思想和文化的发展有着重要的影响，思想开放水平不断提高的今天，各种思想不断涌入，国外的文学作品不断丰富，文化内容不断多样化，而这不断扩容的文化背后隐藏着一些问题或者危机。为保证刊物的质量和刊登内容的影响力，在选择之初便应做好文学作品的严格把关审查。再次，注重中西思想的融合。英美文学的译介可以说是一种文化的移植，这移植的过程中会有一些冲突和矛盾，但是移植的最终目的是实现一种融合，即中西文化的完美融合。这一目的的实现对于推动我国文化的繁荣和精神文明的发展有着重要的意义，因此，在译介英美文化时，应充分考虑中国传统文化和市场经济快速发展背景下人们思想和

文化的发展变化，以一种更为有效的方式来推动英美文化与国内文化的融合。最后，扩大刊物所传达的信息量。新时期信息化是其重要标志之一，这必然带来信息的极大丰富，而这对信息传递的媒介而言则会带来一定的压力。我们对于英美文学的译介在正确传达其所体现的文学气息和文学背后的社会文化背景知识的同时，也应注重相关信息的传达。这种信息或体现于文学作品中，或体现于某种时评或者其他形式的文学作品，所有这些都需要我们的译介工作者和文学期刊的关注与重视。

第二章
英美文化在英语教学中的重要性

随着全球化进程的推进，作为交流的工具，英语语言扮演着重要的角色，而学生的英语交际能力问题也越来越受到重视。《大学英语课程教学要求》明确指出，“大学英语教学应以外语教学理论为指导，以英语语言知识与应用技能，跨文化交际、学习策略为主要内容。并集多种教学模式和教学手段为一体的教学体系”。英语的听、说、读、写、译的能力被认为是英语学习的五种基本能力。但是作者认为除了这五种基本能力学生应该具备以外，学生还应该具备一种综合能力——跨文化交际能力。跨文化交际能力包括英美文化知识和语言交际能力。所以一个好的英语学习者应该具备六种能力。由于传统的教学方法和应试教育系统，学生们为过考试，将重点集中在词汇和语法上。许多中国学生在阅读和听力方面很擅长，但是在说和写方面特别弱。从 2013 年起，中国最重要的考试——高考和大学英语四六级考试有了较大的改革。这也证明了中国的教育学家已经认识到中国学生的现状，并正在采取措施积极改善。作为跨文化能力的重要组成部分——英美 文化知识在英语教学中具有重要意义。

第一节　减轻文化差异对英语学习者的消极影响

由于不同的文化传统，如政治、经济、社会环境，人们对同一件事情有着不同的见解，比如“龙”一词，龙在中国文化中是权力的象征，千年来中国人一直认为自己是龙的传人。然而“龙”在英美国家却指的是一种怪兽。这样巨大的文化差异给人们理解对方生活造成了难以解释的障碍，它会影响人们正常的交际。因此，了解和学习一些英美国家的文化知识会帮助学生提高文化差异敏感性，同时避免因为文化差异造成的跨文化交际的错误。

几十年来，学生学习语言的重点一直都在词汇和语法，然而很多学生只记住单词的表面意思，却很少关注一个单词背后的文化意义，从而导致理解困难。这也是很多学生在学习英语中遇到的共同问题。比如：“November is a big day.”这句话仅五个单词，并且每个单词都非常简单。“十一月是伟大的一天”当然不是，如果学生没有一些关于英美文化的知识，便不会真正理解这句话的含义 。

第二节 帮助学生更加准确地使用英语语言

语言和文化紧密相连。语言不仅承载着一个国家深厚的历史文化遗产，同时也是反映世界的一面镜子。文化的发展也引领着语言的发展，只有真正理解语言的文化背景才能够理解一门语言。例如“intellectual”一词，翻译成中文是“知识分子”的意思，在中国，“知识分子”是指那些接受了高等教育、有较高文化水平的人。但是在美国，“intellectual”是指大学里的教授或者有学术成就的人。因此，了解文化知识能够帮助学生更加准确地使用语言。

第三节 提高学生英美文化知识的策略

一、教师提高自身的英美文化素养

英语教师英美文化知识的多少直接影响学生文化知识的吸收。英语教师作为英语学习者的重要指导者必须提升自己，必须吸收日益更新的文化知识。学校可定期为教师举办英美文化的相关讲座，提高他们的英语文化素养。同时学校在招聘教师的时候，除了考虑老师的教学技巧、语言能力本身以外，还应适当考察老师的文化知识积累。

二、课堂中融入语言教学和文化教学

文化教学相比语言教学更能够引起学生学习语言的兴趣。因为文化教学的方式比较灵活，教师可以通过视频、音乐等多种方式让学生直观地接触英美文化。教师在课堂导入文化知识也可以让学生改变对英语语言学习的观念，重视文化的重要性。

三、学校提供英美文化概论课程

目前除了英语专业的学生有英美文化概论课，非英语专业的学生都是作为选修课学习的。而选修课并不能保证学生吸收文化知识的质量。高校应该为非英语专业的学生提供像英美概况、英美文学等必修文化知识课程，尽量做到英语专业和非英语专业学生的文化知识的平衡。

四、保持本土文化和英美文化的平衡

经过几十年来英语语言的教育，出现了一些不平衡的现象。许多爱好英语的英语学习者“长期模仿和浸透”英美文化，“清空母语文化积淀”，对英语国家文化的认同超过对自己国家文化的认同。在一定程度上成为鞭策和促进西方文化的“语言工具”，这是与外语教学的培养目标相背离的。学习英美文化固然重要，但如今国家又将国学重新列入了教育的重点。我们在学习他国文化的时候，不能把本土文化忘掉。教师在引导文化知识的时候，可以借助对比的方式，将中国的文化和英美的文化做对比，让学生能同时吸收双方的文化知识，同时也保持了本族文化和英美文化的平衡。

语言是人们沟通、思维碰撞的工具。学生是否能够灵活地使用英语语言一直是检验英语学习者的重要标准。这就要求教师在大学英语教学中应深刻认识文化教学的重要性，应该在专业课程的教学中注意培养学生对文化差异的敏感性、宽容性以及处理文化差异的灵活性，鼓励学生积极学习英美文化，以减少因文化差异而导致的语言错误。

第三章
文学视角下的大学英语教学改革

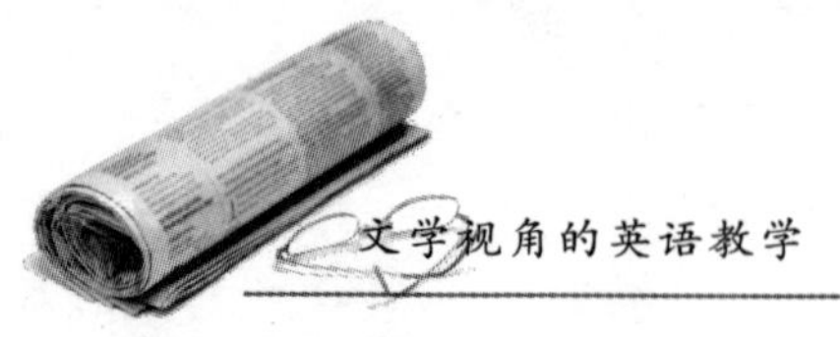

在新的英语环境和社会需求下，欧美文学教学显然是英语教学成功转型和拓展的一条重要途径。文学是指以语言文字为工具形象化地反映客观现实的艺术，它包括小说、诗歌、戏剧、散文等。文学作品是学生学习语言的理想材料，因为语音、词汇、语法、句式结构等各方面的不规则用法都能在文学作品中得到淋漓尽致的展现；文学作品也是学生了解和感知异域文化的“一扇窗户”，因为文学作品以独特的话语方式再现了世界各民族、各地区的风土人情、社会制度、宗教信仰、思维方式和生产方式等；它更是塑造学生良好品德和性格的熔炉，因为文学作品中丰富的生活、诚挚的情感、蕴藉的思想，凝聚了人类对真善美的追求，可以使学生的思想受到启迪、精神得到升华、道德品质得以提高。因此，文学作品是英语教学中不可或缺的课程资源，教师要引导学生欣赏优秀的英语文学作品，品味其语言的千姿百态，感受其思想的丰富内涵，提升学生的审美境界，享受阅读带来的乐趣和美感体验。当前，在我国高等院校英语的教学实践中，传统的文学课教学遇到了前所未有的挑战。其中有客观原因，也有内部原因。客观形势要求对传统的英语文学教学方向进行改革和调整，不改是没有出路的。我们应当认真探讨文学课教学改革的必要性和可行性，激活文学课的效力，使文学课教学真正具有相关性，真正富有意义。

第一节　英语文学作品与大学英语教学

文学教学与语言教学并不矛盾，两者相辅相成、互为补充。文学教学不但可以为学生提供锻炼语言表达能力、培养语言能力和技能、强化语言知识结构的机会和途径，而且能为学生提供了解目的语国家的社会政治和经济制度、文化传统、社会习俗的机会，进而培养他们的创新能力和思维能力，提高他们的文学修养和文化底蕴，增强他们的跨文化交际意识，提升他们的综合素质，塑造他们的完美人格。这反过来又能提高英语教学的社会地位和影响力。

一、对英语文学的理解与定义

文学是创造的艺术，是用语言创造的一个独立世界。文学以生活为参照，但往往超越日常生活。文学是情感的象征，或者说是情感的表达形式。文学表现人类对生活、事物所产生的情感。当情感被赋予于文字中，情感就被客观化了，成为一种可被观赏的形式，这就形成了文学。文学与其他艺术媒介不同，文学语言是精密的、自我集中的、非直指的，其更具有内涵性、更富传统，不直接诉诸形象，但更有暗示力。

文学就是一个社会认为可以算作文学作品的任何文本。文学作品的形式和篇幅各有不同，而且大多数作品似乎与通常被认为不属于文学作品的相同之处更多，而与那些被公认为是文

学作品的相同之处反倒不多。西方国家，现代的纯文学观念实际上也是最近才诞生的。直至20世纪，文学仍然包括广泛的著述范围。如今，在普通学校和大学的英语或拉丁语课程中，被作为文学研读的作品过去并不是一种专门的类型，而是被作为运用语言和修辞的经典来学习的。比如维吉尔的作品《埃涅阿斯纪》，我们现在把它作为文学来研究。而在之前，对它的处理则截然不同。

与审美主义的宣称相反，审美并不是文学的唯一目的。班纳迪克·安德森在《想象的共同体》中指出，小说阅读在现代民族国家认同的创造中产生了重要作用。在19世纪的英国，文学呈现出一种极其重要的理念，一种被赋予若干功能的、特殊的书面语言。在大英帝国的殖民地中，文学被作为一种说教课程，负有教育殖民地人民敬仰英国之强大的使命，并且要使他们心怀感激地成为一个具有历史意义的、启迪文明的事业的参与者。

在国内，文学反对由新兴资本主义经济滋生出来的自私和物欲主义，为中产阶级和贵族提供替代的价值观。文学对教育那些麻木不仁的人懂得感激，培养一种民族自豪感，在不同阶级之间制造一种伙伴、兄弟的感觉往往能起到立竿见影的作用。最重要的是，它起到了一种替代宗教的作用。由此可见，文学的作用是多维度、多层次的。文学作为文化的一部分，是对一个民族特定时期的政治、经济、历史、价值观等的书面反映，因此文学具有传承性。文学作品中的语言因作者的写作风格、价值观及其所处的时代和国度等不同而呈现不同的风格。

大学生阅读一定量的文学作品，不仅可以有助于了解一些不同国家、不同历史时期的政治、经济、地理、风土人情及人们的价值观等，培养英语语言学习的文化意识和跨文化交际能力，而且因为所读作品具有故事性，还可以陶冶个人的思想情操，激发和培养阅读的兴趣，增强学习英语的动机，体会到阅读的快乐，从而自觉形成英语阅读的习惯。

二、英语文学作品与大学英语教学

在悠久的英语文学历史长河中，诞生了许多优秀的文学作品。它们历经岁月的考验，仍然经久不衰，吸引了一代又一代的读者。它们是语言的精品、文化的荟萃、思想的典范，具有极高的学习和欣赏价值。

文学作品反映和记录了人类的生产生活活动，是历史的积淀，表现了人们对生活的需求、理想和愿望；是人们认识自然、思考自己，精神得以承托的框架。文学作品中的语言是对生活语言的高度提炼和总结，浓缩了人类语言的精华；文学作品具有鲜明的时代特色和文化特色，它体现了所处时代的特点及文化特征。因此，文学作品（特别是文学名著）是极为重要的语言学习材料。高校英语教学要处理好素质与知识的关系，不仅要让学生增加知识，而且应当提升学生的素质。文学作品也以其自身的优势成为高校英语课堂教学的理想资源，所以高校英语教师要引导学生阅读文学作品，进行浅层次的欣赏。文学作品是一种语言行为，是语言教学和实践的基础。学生在阅读过程中，不仅要在作品所营造的氛围中，学习、掌握语言的使用特点，了解语言的结构，而且要能着眼于作品本身所具有的美感，真切地感受文学的魅力。文学作品在教学中兼有工具性和人文性两方面的特点。文学作品的工具性特点主要在于：文学作品中的语言生动活泼、思想丰富深刻，内容涉及生活中的各个层面，

是学生理想的语言素材。学生在欣赏的过程中，也在不知不觉地习得语言，欣赏的过程其实就是语言学习的过程。文学作品的人文性特点主要体现在：阅读和欣赏文学作品，可以使学生了解到世界上优秀的文化及思想，获得对人生和世界的感悟，从而能够提升学生的文学感悟和人文素养。

文学作品作为语言精华的“密集区”，读者在阅读欣赏过程中可以得到语言美的强烈熏陶。革命导师马克思一生中曾反复阅读莎士比亚、歌德、但丁、莱辛和塞万提斯的作品，他盛赞这些作品都是他的“语言导师”。文学作品极具深刻的社会意义，它形象地再现了一定历史时期的社会生活面貌。阅读文学作品可以使读者丰富历史文化知识，列宁称托尔斯泰的作品是“反映俄国革命的一面镜子”。文学作品同时又具有深刻的思想内涵，在阅读欣赏中可以使读者思想上得到多方面的启迪。恩格斯在高校时代，就将歌德笔下的浮士德看作激励自己不屈不挠追求真理的光辉榜样。

文学和语言教学密切相关，教师在进行英语课堂教学时，应当把文学融入语言教学中，在文学欣赏中欣赏语言，在语言学习中欣赏文学。传统的文学课堂教学大多采用文化模式，即把文学作为一种文化遗产或知识来传授，把文学作品作为语言教学的一个取材来源，其教学方法是以教学为中心，以内容为基础，以讲解词汇和语法为目的，进行“填鸭式”教学；而文学与语言教学相融合的课堂则是以学生为中心，以语言为基础，以学生全面发展为目的，注重培养学生的综合素质。

在高校英语阅读教学中，应当发挥文学作品的教学功能，让学生在理解作品的过程中发展自己的图式知识（如语言知识、历史知识、文化知识等）。在具体的教学实践中，教师要通过文学作品教学来提高学生的语言学习能力。因为英语文学作品对文化的传承以及文学语言的精巧优美不仅可以让学生在真实的语境中感受到语言的魅力，而且可以锻炼他们分析问题、解决问题的能力。可见英语文学作品是英语教学中重要的课程资源。在英语课堂教学中，应当将文学融入语言教学中。这就要求教师一方面要利用英语文学作品来扩大学生的词汇量，使学生学习和掌握语言结构和语言特点，提高学生的英语表达能力；另一方面要引导学生通过阅读英语文学作品学习和了解英美文化传统、社会政治和经济制度等背景知识及作品的写作风格和思想内涵，提高他们的文学素养和人文素质。

第二节　文学视角下的大学英语教学现状

近年来，虽有不少高校开始重视英语文学教学，但文学教学在高校英语教学中的现状仍然不能尽如人意。高校学生的课内英语文学阅读仅限于教材中极其有限的几篇作品或节选，课外阅读材料唱主角的依然是日常生活题材的语言材料，英语文学作品备受冷落。而对于教材中的英语文学作品，大部分教师都是在阅读课上把它们当作阅读材料来处理，在具体的教学实践中往往把注意力都集中在语言知识的分析和语言技能的训练上，着眼于提高学生的英语语言运用能力，而忽略了对学生进行人文素质的培养。这就造成了文学作品的功能在英语阅读教学中没有得到真正发挥，这种极具功利性的教学方式也使得文学渐渐失去了它应有的面目。

一、我国英语教学中文学教学的历史与现状

（一）我国英语教学中的文学教学传统

从1911年辛亥革命到1949年中国人民共和国成立，我国的英语教学一直处于畸形发展的状态，但仍保持着文学教学的特色，课堂上以教授文学作品为主。由于很多学校的英语教学直接由教会或外国教员承担，课堂上所使用的英语学习材料也很杂，但以文学作品居多。例如，周越然编选的《英语模范读本》，其中第四册完全是择取欧美古典文学作品中的名篇名段。李儒

勉编的《标准高级文选》，取材也是来自英美名著，文章的篇幅较长而且很有深度。另外，初中的英语教材像《鲁滨孙漂流记》《金银岛》等都是名著的节选，高校也是同样的情况，例如《恺撒大帝》《富兰克林自传》《双城记》等篇目。特别是"民国"时期英语教学的目的是使学生练习能在实际中运用的普通英语，使学生略见近代英文文学作品之一斑。国内英语界的泰斗范存忠、季羡林、王宗炎等也都在他们的回忆文章中谈到了自己初学英语时，研读的英语文学原著对他们日后产生了巨大的影响。这也进一步证实了这一时期我国英语文学教学的传统特色。中华人民共和国成立初期的高校英语文学教学完全遭到破坏。这一时期，一味模仿苏联的做法，英语全部改为俄语，英语教学几乎中断，很多英语教师也纷纷改行。这使得高校英语教学发展走了很多弯路，对英语教学发展来讲，着实是个沉重的打击。20世纪50年代中期至60年代中期，高校英语教学处于初步恢复时期，这一时期基本上是在纠正前一时期的错误。"文化大革命"之后，英语教学开始得到恢复和发展，渐渐走上正轨。教学中还是以教授文学作品为主，文学作品的篇目占了将近80%，几乎覆盖整本教材。文章的体裁也是多种多样，包括小说、诗歌、戏剧、人物传记等。选编的文章都是大家耳熟能详的英语文学作品。所以，这一时期英语教学还是以学习文学作品为主。

（二）我国英语教学中文学传统的流失

20世纪80年代中期，交际法开始风靡全国，对我国英语教学产生了巨大影响。这一时期，教材中节选的文学作品的比例明显下降很多，多数的文章是与日常生活相关的，文学作品的篇目只占很少的几单元。后来，通过对英语考试的研究观察

发现，英语标准化考试长盛不衰，学习过程往往被视作“题海战”的训练过程，内涵丰富、情感饱满的文学作品几乎淡出了英语教学。而且，在基础英语教育阶段，不赞成文学作品教学的呼声还是很高的。他们反对的主要原因是：英语文学教学只能在学生具备相当的词汇量并能熟知语法知识及运用的情况下进行，而目前，对于多数高校学生来说，还是达不到这个要求的。另外，有些文学作品语言与我们现在“标准”的规范相去甚远，考试实用性不强。这就造成当今高校学生的英语文学情怀缺失。

（三）我国英语教学中文学教学的逐步回归

文学是语言教学的肥沃土壤，离开了文学，语言教学就会黯然失色。如今我国英语学界已经开始意识到语言与文化是无法分开的，文学课在英语课堂教学中具有重要地位。文学是学生英语学习重要和理想的课程资源，它能够给予学生多方面的知识，促进学生的全面发展，使之成才。语言学习离不开对文学的学习，所以要把文学和语言学习很好地结合起来。同时，很多专家和学者也通过自己的文章论述文学和语言教学的关系以及文学在语言教学中所起的重要作用。一线英语教师也结合自己的课堂教学实践，积极地献言献策。高校教育阶段，在英语课堂采纳文学作品进行教学，如今已是不争的事实。教育部从2011年就出台相关政策关注文学教学。特别是2003年的《普通高校英语课程标准》，将文学列为选修类课程，而且明确规定了学生的英语课外阅读量，并提出了文学阅读的要求，这就保障了文学的教学地位。不少高校也开始重视英语文学的课堂教学，特别是一些有条件的重点高校尝试开设英语文学欣赏选修课作为对课内文学教学的补充。与此同时，有关高校英语文学教学的理论研究也被提上了日程，这些研究在不同方面、不同程度地开展和进行，尽管研究还相当薄弱，但这一切都呈现出文学将逐步回归高校英语教学课堂这一迹象。

（四）我国英语教学中的文学教学现状

1. 教师角度

①高校英语文学教学严重缺失（课内外文学输入不足），课内仅对教材中为数极其有限的文学篇章或节选进行教学，在课外文学教学几乎没有得到补充和拓展。重点高校和非重点高校的教师在阅读教学过程中也都缺乏引导，究其原因包括以下几点：首先，当前国家统编的英语教材多以话题为导向，突出语言的交际功能，这就造成了教材中文学作品数量偏少，英语文学教学几近空白；其次，英语四、六级的导向作用致使教师课外在选择阅读材料时往往偏向实用性较强的如广告、辩论、科普类的文章，课外的阅读指导也都是针对与考试题型相似的一篇篇短文的训练；再次，有些英语文学作品本身比较晦涩难懂，语言不符合“标准英语”的规范，高校学生的语法知识和词汇有限，理解起来困难重重，学生对之也缺乏兴趣，甚至产生“畏惧”心理，这也使得学生对文学作品望而却步，认为那些大雅之作，自己实在是欣赏不了；最后，教师在教学中缺乏相应的文学引导。以上这些原因致使很多优秀的英语文学作品被束之高阁。

②教师的授课内容和授课方式有待进一步提高。部分教师依然一味延续着传统的做法，依然“考试考什么，我就教什么”。从访谈中，我们了解到有些高校教师会讲一些英语文学的基本常识并介绍一些文化知识，比如，会讲解小说的三要素（人物、故事情节、环境）和诗歌的韵律、韵脚、修辞等；会分析作品

的意义和写作风格；同时也会开展一些文学课外活动，并鼓励学生进行创作，如写英文诗、改编剧本或撰写评论。这有助于提高学生的语言水平；有助于扩大学生的文化视野，增强他们的跨文化意识；同时也有助于提高学生的写作水平。而还有些高校的教师则重点进行词汇的讲解和名句名段的摘抄。至于教学内容，大部分教师也仅限于教材中的篇目，课外几乎没有加以拓展。而且在授课内容方面，有些高校一些开过选修课的教师，授课内容基本上是自己印发的讲义。可见，对于“文学教学应教授什么内容”“教学中应采取何种授课方式，学生更容易接受”等等这些问题还需进一步去探索。

③教师在教学过程中存在一定的困惑，特别是对如何提高学生的人文素养方面，很多教师不懂得如何把握。在访谈中，笔者发现有些教师在教学过程中，往往忽略了文学教学“人文性”的一面，认为好像文学教学和平常的阅读教学没什么区别，把文学作品当作平常的阅读材料来处理，课堂上还只注重语言知识的分析和语言技能的操练，致使英语文学课堂依然枯燥乏味，缺乏文采和美感，激发不了学生的英语学习兴趣。在文学教学“人文性”方面，有些高校的教师（特别是开过文学选修课的教师）做得还比较到位。他们会让学生认识到由于文化背景的不同而导致中英文的一些表达也存在着差异，帮助学生理解各国的文化差异，开拓他们的文化视野，提高他们的跨文化交际意识；同时会让学生通过一些语言表达和情境叙写领悟到文学作品的语言美、意境美等，获得语言美和艺术美的强烈熏陶，从而也使学生的品德得到培养，性格得以塑造。虽然有的教师也知道要注意培养学生的人文素质，但至多在文化方面介绍一些作者

生平、背景知识方面的信息；在审美方面就是列举一些优美的词汇和句型，用心的老师也许会稍微提及作品的内涵。因此，教学中这方面的困惑也是一个亟待解决的问题。

④教师对英语文学教学的信心不足。大部分教师在实际的文学课堂教学中，仍抱着现有的教材进行打拼，因为他们认为教材中节选的篇章，配有生词表，内容也短小精悍，学生易于理解和掌握。如果课外要进行增加和补充，面临选材困惑、难度很大等多方面的问题，而且教学压力也大，很多教师不愿主动甚至可以说不敢尝试去补充文学阅读材料；另外，很多教师本身不是文学专业出身，对文学作品虽有涉猎，但文学积累、鉴赏能力、教学能力等方面还存在一定的不足。他们虽能认识到文学教学的必要性，但在具体的教学中又甚感茫然：课堂上应如何把握，怎样才能激发学生学习文学的兴趣，怎样才能让学生真切地感受到文学的魅力等等这些问题，对众多英语教师来说，确实是不小的挑战。

⑤对文学教学效果所应采取的评价方式还需细细斟酌。有些高校的教师(有开过选修课的教师)平时会让学生创作诗歌、进行角色表演及撰写评论等,期末则采取卷面考试或提交小论文的形式进行学习效果的评定。这些评定方式是否合理?是否能全面反映学生文学学习情况?是否能起到“立竿见影”的效果?是否更能促进教师对文学教学的重视?这都有待于我们进一步去探讨,同时需要我们在教学实践中认真摸索,找到最适切的评价方式。

2.学生角度

（1）学生的文学摄取量相当有限，也不大会主动地去扩大英语文学作品的阅读范围。有些高校的学生课外会有一定的阅

读量，而有些高校的学生阅读状况则不容乐观。究其原因有几点：首先，学生的学业压力大，课余闲暇时间十分有限，英语文学阅读变成了一件奢侈的事情，结果学生只能将文学作品束之高阁；其次，学生词汇量不够也是影响文学阅读的一大障碍，有些学生对文学作品连碰都不敢碰，认为那些传世之作，自己欣赏不了；最后，四六级考试涉及这方面的考题较少，文学的考试实用性不强，这些都会造成学生对这方面的内容阅读量偏小。重点高校的阅读情况会好些，因为学生英语基础较好，阅读能力较强，会尝试去接触一些自己感兴趣的作品。

（2）学生在文学阅读课上的收获还是不少的。首先，语言知识积累方面就不用说了，学生谈得最多的还是语言知识加强了，这与传统的教学方式是分不开的，即教师在课堂上都十分注重语言知识点的分析。其次，文学学习也使学生扩大了知识面，了解到许多著名作家、诗人及他们的传世之作；了解到异域文化的特点，增加学生的跨文化知识；也学到了一些基本的文学常识，比如小说的三要素（人物、故事情节、环境）和诗歌的韵律、韵脚等。这些方面的知识也会帮助学生提高他们的文学欣赏水平，帮助学生了解怎样鉴评文学作品的语言和意境等。最后，文学学习大大提高了学生的写作能力，学生会创作英文诗歌、改编英语剧本和撰写英语评论，这无形当中就增强了学生学习英语的信心，学习的潜能也被激发出来。这些方面的收获，重点高校的学生（特别是参加过文学选修课的学生）感触颇深。

（3）部分高校期末考试文学题的出现尽管给学生的学习带来了压力，但同时也会促进学生对文学作品的学习，成为一种学习的动力。如今，高校学生的学业压力还是挺大的，如果期末考试再出现文学题，这无疑又增加了他们的课业负担，但期末考试的导向作用会促使学生更好地去学习英语文学作品，这对学生来说也是一种学习的动力。重点高校一些优秀的学生还是希望四、六级试题中出现文学题，这会促进他们的老师更加重视文学教学，一旦有了老师的指导，他们就能更好地进行英语文学作品的学习。而非重点高校的学生对于期末考试中出现文学题感觉压力重重，他们还是不希望期末考试中出现文学试题，因为目前的课业压力已经很大，不想再有新的学习负担了。

二、我国大学英语文学教学中存在的问题

我国的大学英语文学教学由于多方面的主客观原因存在多方面的问题，简要介绍以下几点。

（一）学生方面

学生的英语文学摄入量严重不足，缺乏阅读兴趣。课内，英语文学阅读只局限于教材中提供的极其有限的篇章或节选。而在课外，英语文学阅读几乎得不到延伸和补充。这一方面是由于文学的考试实用性不强，另一方面则是作品本身的原因，比如晦涩难懂，可读性和可理解性不强，学生对之缺乏兴趣，再加上教师也缺乏相应的引导，致使英语文学课备受冷落。

（二）选材方面

大学英语缺乏统一的文学教学大纲，缺乏相关的文学教材。教师面对不胜枚举的英语文学作品，选择时甚感茫然，往往无从下手。有些学校虽开设了英语文学选修课，以弥补教材内容的不足，但多数教师也只是以自己印发的讲义为内容进行教学，而且选修课程设置也不广泛，基本是影视和短剧方面，诗歌和散文几乎没出现过。这可能是由于影视欣赏和戏剧欣赏，教师

都有现成的光盘资料供教学使用。于是有些文学选修课自然也变成了视频播放课。可见，选材问题也是英语文学教学中面临的需要迫切需要解决的问题。

（三）教学方面

教师教学工作繁忙，教学压力大，再加上缺乏对英语文学教学的研究，往往是千篇一律地沿用阅读课的教学模式，重知识、轻能力的现象比较普遍。教学的侧重点还是语言知识的分析，教学目标往往是提高学生的英语成绩，教学方法单一，基本是以教师和教材为中心，进行“填鸭式”教学。可见，教学应侧重哪些方面，应满足什么样的教学目标，采用什么样的教学方法，这些都是在英语文学教学中面临的亟待解决的问题。

（四）师资方面

大部分教师由于本身不是文学专业出身，对自己的文学授课能力信心不足，文学知识的储备还相当欠缺，这一切都导致文学教学的师资力量显得相当薄弱。再加上传统的教学理念已经在他们头脑中根深蒂固，他们仍然找不到一种切合的文学教学模式。可见，英语文学教学中，师资的培训问题也值得高度重视。

（五）评价方式方面

对英语文学学习效果的评价还难以界定。多数教师采取的是卷面考试和提交小论文的形式，这基本上属于应试教育的评价方式，重结果而往往忽视过程。现今一直倡导的素质教育要求注重学习的过程，而对于学习的过程，又该如何来衡量呢？如今，四、六级翻译练习中出现相关的文学作品，四、六级是否能成为一种有效的评价手段？利用四、六级风向标来导航，是否能促使教师更加重视英语文学教学，学生更加积极地进行英语文学阅读呢？这些问题都有待于进一步探讨。

第三节 文学视角下大学英语教学的意义与作用

对学生而言，文学作品不仅能提高他们的英语语言水平和能力，促进他们的英语习得，同时也是阐释英语使用和介绍文化概念的重要工具。因此，增加英语教材中文学作品的数量是有必要的，也是切实可行的。应当充分利用文学作品教授英语这门语言，让学生的能力得到全面发展。作为教育者，英语教师应该清楚地认识到文学教学的重要性，也应该了解把文学融入教学中的目的。英语教师应当带着文学的目的来教授英语。这不仅是为了帮助和服务于英语教学，还是为了提高学生的英语知识和技能、扩大学生的视野、培养学生的人文素养。在教学实践中，英语教师应当充分发挥文学教学所独有和固有的内在潜力和优势，激活文学课的效力，运用灵活多样的教学方法来实现教学目标。

一、欧美文学导入大学英语教学中的意义

文学课程的目的在于培养学生阅读、欣赏、理解英语文学原著的能力，了解其基本知识和方法。通过阅读和分析欧美文学作品，可以促进学生语言基本功和人文素质的提高，增强学生对西方文学及文化的了解。

从提高英语技能的功能来讲，欧美文学课正是检验和培养高层次阅读和写作能力的优秀课程。欧美文学课最基本的要求

就是阅读大批英文原著，现在的情况是，很多高校的学生经过四年的学习而读不下一本英文原著，甚至选择去读翻译的中文版，这不能不说是高校学生的悲哀，也是英语教育的悲哀。美学家朱光谐先生认为，学英语的人要达到能够欣赏英语诗的水平，英语才算过关，而现在大多数学生对经典的十四行诗都知之甚少。从提高文化修养和诗义情趣的功能来讲，欧美文学教学可以陶冶性情、开阔眼界、充实心灵、启迪智慧，可以培养、提高学生的文学修养与人文素质。同时，从人文教育的角度来看，文学作品可以拓宽学生的思维与认识空间，培养学生健全的人格。因此，我们应该充分认识到蕴含在文学作品中的人文精神的坚固内核凝聚着对至真至善至美的不懈追求，凝聚着对人的灵魂寄托、人的生死意义的深切关注。人文精神是不朽的，这不正是我们全面提高素质教育所需要的攻玉利器吗？在当今的商品经济社会里，文学，真正的作用就是能够以其思想内容和艺术形式影响个人，进而影响由众多个人组成的社会。欧美文学能为我们起到的最大的积极作用就是：弘扬人文精神，提高人的素质。因此，它的教育功能是显而易见的，文学教师应该利用这一功能为“教书育人”的宗旨服务。

文学课不是变相的精读课，它承担着培养学生人文精神的责任，但这些重要素质由于“不实用”而被广大学生、高校所忽视。现在许多人在谈教育的理念、大学的理念，在笔者看来，这个理念应当是人文精神。人文精神是教育的灵魂，它决定了教育的使命、目标和标准，没有人文精神，教育就没有灵魂，就是徒有其表的教育。当今教育的重要问题就是人文精神的失落，而文学教育则是弘扬人文精神的绝佳途径。

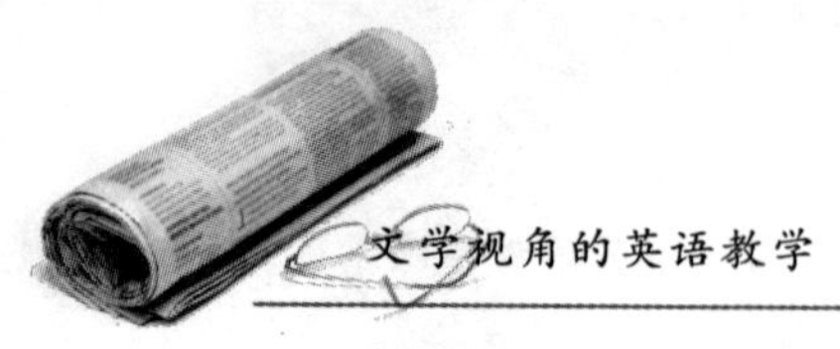

综上所述，从理论上讲，欧美文学课程开设的意义已远远超过了学习欧美文学本身的一般知识。欧美文学的学习不是单纯的语言学习，它有思想性与艺术性相结合所产生的独特影响。功利不应该成为评判文学教育的标准，我们应当用精神的尺度来衡量教育，大学要培养的是有优秀品质和灵魂的人才，是精神贵族，而不只是所谓的“有用人才、有知识的打工者”。

二、欧美文学导入大学英语教学中的作用

（一）有利于调动学习英语的积极性

英语作为中国学生在日常工作生活中能够经常使用到的语言工具，在教学中得到了教师和学生广泛的重视。但在大学英语教学中，由于学生在课堂上具备了更多的自由性，需要教师将更多的精力放在调动学生学习英语的积极性之上。英美文学作品具备一定的故事性，展现了英美国家的人文风情，与传统的课文相比，更具趣味性和可读性。在大学英语课堂上进行英美文学赏析，能够更加丰富大学英语教学内容，利用其趣味性和故事性来吸引学生的注意力。英语课堂上为了保证学生掌握相关的英语知识，教师会大量举例来进行说明，英美文学作品提供给英语教师更多的选择。特别是在教学中学生出现疲惫感时，教师列举出英美文学作品中的一些经典片段引导学生进行赏析，能够迅速调动起学生的积极性。

例如，《哈利波特与魔法石》中关于《万圣节惊魂》一章有这样一段描述：Malfoy couldn’t believe his eyes when he saw that Harry and Ron were still at Hogwarts the next day, looking tired but perfectly cheerful. Indeed, by the next morning Harry and Ron thought that meeting the three—headed dog had been an excellent adventure, and they were quite keen to have another one. 这段话对大学生来说阅读起来并不困难，具备一定的可读性和趣味性，特别是连词部分运用的十分到位。在学生学习英语进入疲惫期之后，教师可以让学生对这段话进行分析，主要分析其中连词发挥的重要作用。这样调整了教学进展，给学生不同的阅读体验，同时有效调动了学生的积极性。

（二）拓展学生视野

将欧美文学导入英语教学会使得高校学生初步形成文化交际的意识。学生所阅读的都是一些外国的名家名作，每一部作品都承载了不同时期、不同地域的文化。学生在阅读这些作品时，会不自觉地与我国传统文化中的因子进行对比，提出质疑，寻求解决之道。这是课外阅读传统读物难以达到的。英语文学学习可以有效地提高学生英语学习的动机。文学作品本身的独特魅力使得学生乐于接受，其丰富的想象力、动人的故事情节以及优美的语言强烈地吸引着爱好文学的莘莘学子。在指导学生进行阅读的过程中，多种形式的主题班会和优秀读书笔记的评选使学生们跃跃欲试，更加积极地投入阅读。英语课外阅读的积极性空前高涨，初步培养了学生一定的文学鉴赏能力，有利于学生综合素质的发展，为其终身学习奠定了一定的基础。学生们通过写读书笔记、交流阅读心得、编排话剧以及开展各种形式的主题班会，逐步提高对文学作品中的语言、人物、背景、情节、主题等的理解能力。通过小组活动，也间接培养了学生的团队精神、与人合作精神，而这些品质是现代社会所必需的综合素质。

（三）激发学生的学习兴趣

人们经常说兴趣是最好的老师，而现在大部分学生学习英语的动机较为功利，为了学分或考级，真正因兴趣而学的为数不多。但是大学生一般有良好的课外阅读习惯，有很多人已经读了不少中译本外国文学著作。教师可以因势利导地激发他们阅读一些优秀的外国文学作品的兴趣，感受外国写作大师们原汁原味的语言，比较原著与译著的异同，品味不同文化间的表达习惯，潜移默化地提高英语学习的兴趣。

（四）有利于帮助学生理解课文

大学英语教材为了保证其实用性，大多会针对英美国家的人文风情进行内容编写，但由于中西方的文化差异，在课堂上单纯学习课文很可能给学生理解课文带来困难。英美文学作品是对英美国家人文风情、文化习俗等的具体展现，对其进行赏析能够更多地了解中西方的文化差异，理解面对相同的事件中国人和英美人不同的处理方法。特别是英美文学作品能够提供给学生更具权威性的措辞等语言表达形式，让学生在课堂上面对俚语和口语化的课文时，能够更迅速地做出反应。大学英语课文经常会出现针对外国名人撰写的人物传记，其中人物关系复杂，学生阅读起来会有一定的难度，无法厘清课文中各人物之间的关系。如果教师能在讲解课文之前搜集一些与课文描写的人物相关的介绍和文学作品，能够帮助学生提前对其进行了解，从而更好地帮助学生理解课文。

中国文学作品存在不同的流派，英美文学作品也是如此，教师在课堂上选取合适的时机向学生展示不同流派的英美文学作品，并带领学生进行赏析，能够帮助学生更加深入地了解英美文学的发展历程，并在阅读课文的过程中找出其中可能存在的文学流派的不同。这样学生能够从写作风格上对课文的感情基调进行把握，一定程度上降低了学生阅读和学习课文的难度。可以说，对英美文学作品进行赏析，并不是单纯的去了解每部作品所叙述的故事情节，更多的是引导学生注重其故事性背后的社会大背景，从而更进一步去了解英国和美国的发展史以及其民众的生产生活。这样有利于学生正确的解读课文，找准课文中的重点内容，提升大学英语教学的有效性。

（五）有利于提升学生的人文素养

一篇好的文学作品对读者思维品质的养成具有重大意义，在大学英语课堂上进行英美文学的赏析，也能够一定程度上影响学生心理健康的发展，提升其人文素养。不同的英美文学作品有着不同的主题，教师可以根据本班学生的特点，找寻学生在思想品质方面最需要增强的部分，并结合英美文学作品对学生进行讲解，让学生对其进行赏析，找出应当学习的部分，不断丰富自己的精神世界。赏析英美文学作品的过程也是帮助学生进行人文知识构建的过程，大学生已经具备了相对完善的人生价值观，在赏析英美文学作品时能够受到文中主人公的影响，对世界有着更为独特的看法，从而影响自己的人生观、价值观。教师可以针对英美文学作品的不同对学生进行相应的引导，保证学生能够认识到文学作品中包含的积极向上的一面，并用良好的精神状态面对每一天的生活。赏析英美文学作品能够从中了解西方国家的宗教、风俗礼仪等文化，对学生来说是人文素养的系统化形成与提升的过程。根据教材内容选取合适的英美文学作品进行赏析，能够引导学生实现系统化的了解和学习英

美文学的知识脉络，提升人文素养。

三、在大学英语教学中开展欧美文学教学的可行性

（一）学生英语基础好

近年来，我国中小学英语教学的改革力度较大，成绩很突出。单就学生词汇量而言，大学新生入校时的英语词汇量已经达到或超过 3000 个，有能力进行简单的原著阅读。目前，大学生英语水平普遍提高，阅读能力较强，不少学校已经开设了欧美文学选修课，受到很多热爱英语、热爱文学阅读的学生欢迎。大学英语教学应增强欧美文学教育意识，将欧美文学导入英语教学，适当介绍当代英美著名作家的文学创作，给学生推荐一些优秀作品。

（二）课程改革空间大

大学英语课程是面向非英语专业学生的、课时为两年四个学期的必修课。学生循序渐进地按照课本由 1 级学到 4 级，然后在第四学期末参加大学英语四级考试，获得一纸证书后，基本上就意味着大学英语学习的结束或是整个英语学习生涯的结束。在四个学期的英语课程中，教师就应适当地、有意识地引导学生进行欧美文学原著的阅读；同时，还应充分利用学生剩余的两年时间进行大学英语的后续教育，其方法就是实施欧美文学教学。课时可以缩短一些，考核的方式应灵活一些，最重要的是轻松阅读、兴趣阅读，推荐有意义的、情节生动的文学作品给学生。我国一直在倡导和尝试进行大学英语教学改革，目前的大学英语从课程设置的期限上就有很大的改革空间。一、二年级的辅助阅读可以转化为三、四年级的专门欧美文学阅读，将学生的英语学习贯穿始终，有益于学生形成良好的英语阅读习惯，将英语学习变为终身学习，而将欧美文学教育融入大学英语教学中，可以说是大学英语教学改革的一个好点子。

（三）师资科研力增强

现在，从事大学公共英语教学的师资力量有了很大提高，80% 的教师都是研究生学历，有相当一部分人的专业方向是欧美文学，几乎所有的教师都学习过欧美文学课程，并且对欧美文学作品阅读很感兴趣。因此，大部分院校是有足够的师资来面向所有的非英语专业学生开设欧美文学公选课。在日常的英语教学中加入欧美文学教学可以发挥教师的特长，促进他们的专业研究，在教学中实践，提高科研效果。

四、在大学英语教学中开展欧美文学教学的设想

（一）教学目标设置

欧美文学的教学可以划分为四个层次，其中第一个层次就是：欧美文学课程应是面向全体大学生的选修课。目前大学生已有的英语水平、不断提高英语水平的渴望以及大学的师资力量和素质教育取向都使面向全体大学生开设欧美文学公共选修课成为可能。我国大学英语的改革方向有二：一是进一步提高学生的语言运用能力，尤其是英语应用能力；二是提高学生的人文素养和英语文化认知水平，从而提高学生的跨文化交际能力。两项改革的目标是相同的，即大学英语教学从单纯为了学生考级转向提高综合素质和应用能力，这就为开设欧美文学课提供了合理性和操作性，并且使欧美文学公共选修课成为大学英语教学改革的重要内容。

欧美文学课程的目标内涵分为五个层次，其中有三个层次是适用于非英语专业学生的。一是欧美文学原著的阅读体验，

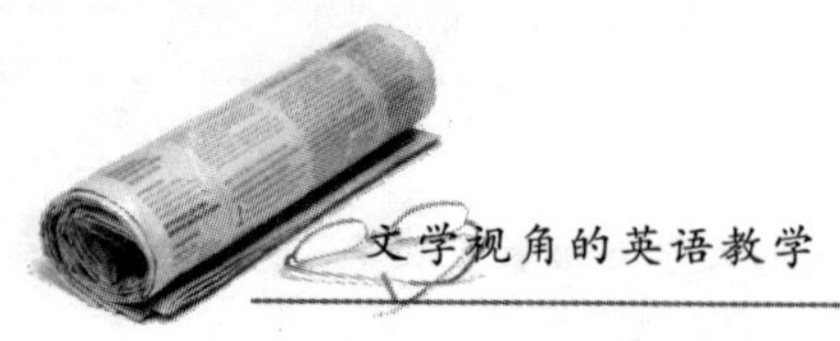

这是一种基于感性认知的经验层次。它的重心是把阅读欧美文学作品的过程交给学生，让学生通过对欧美文学经典作品的亲身阅读体验，逐渐培养对文学的兴趣和欣赏判断能力；同时通过阅读大量文学原著提高学生的英语水平。二是通过欧美文学认识英美文化和国民性格，这是一种基于文化认知和文化认可的跨文化交流层次。它的重心是拓宽学生的文化视野和思想疆域，提高综合人文素质，培养跨文化交际的意识和能力。文学是文化的重要载体和民族个性的重要表现形式，通过欧美文学认识英美文化，进而胜任跨文化交际，这是一种有效的教学途径。三是感悟人生，洞悉生命的意义，培养人文情怀，弘扬人文主义精神，这是基于人文关怀和道德塑造的哲学层次。它的重心是帮助学生陶冶情操、开阔视野、认识人生、丰富精神文化生活。文学涉猎广泛的题材在表达务实、反思生活方面的价值是任何其他方面的学习难以取代的。因此，教师应当明确欧美文学教学的目标，在面向全体大学生开设欧美文学公选课的基础上，在日常教学中适当加入欧美文学教学，培养学生的英语阅读兴趣，提高学生的英语水平，提升学生的人文素质。

（二）课程设置

如前所述，欧美文学教学应该贯穿于学生大学学习的始终，至少是目前国家规定的两年必修课的始终。在此期间，除了开设选修课外，还要在日常教学中适当引入欧美文学教学。课程设置时要考虑到学生的阅读能力、作品的难易程度等。阅读以学生课下阅读为主，基本定为一学期读一本书。每学期抽一两个课时检查学生的阅读情况，用讨论、原著表演、名篇名段背诵等形式来激发学生更强的阅读兴趣，也可以让学生学期末交一份读书报告。这样大学英语非英语专业的学生在为期两年，即四个学期的英语学习中，每人就可以至少完成四本英语原著的阅读。这样的设置将有助于培养学生的阅读习惯，使其在以后的学习、工作、生活中将英语学习坚持下去，形成终身学习的良好习惯。

鉴于学生的阅读水平参差不齐，也可以将英语原著阅读放在第二学期。第一学期就从简易读物开始，由易到难，循序渐进，逐步过渡到原著阅读。牛津的“书虫”系列就是不错的选择。对于刚刚接触欧美文学作品的大学新生来说，比起需要不停地查词典、写注释的材料，生词适度的简易读物会学得更快更好。在学生有一定的阅读基础后，教师从第二学期就可以开始引导他们阅读原版英美名著了。从某种意义上说，读原著才是英语教育的开始。原著中的语言不再是为照顾学习者的英语水平和语法的需要而改编的，而是作者深刻、细腻思想情感的自然流露，而且大部分原著都出自语言大师之手。更重要的是，原著保留了原汁原味的西方社会背景、风俗习惯、法律制度、宗教信仰、伦理道德、人情事理、自强精神等。这样在两年的大学英语教学中，欧美文学教学贯穿始终，与普通的教材教学有机结合起来，相辅相成，在传授知识的同时，极大地提高了学生的学习兴趣和人文素质。

（三）教材和教学方法

英语专业的学生的欧美文学课有专门的教材，基本都是文学史和作品选读。这些教材大多是文学名著的节选，而且往往是按照文学作品的历史年代编排的，通常也是为英语专业三年级学生设置的。学生一开始接触的就是晦涩难懂的《贝奥武甫》

一类的作品。对于大部分大学英语学习者来说，阅读这些名著会很快失去兴趣甚至会产生厌恶感。对于强调兴趣阅读的非英语专业学生，最好是由教师结合学生的水平、阅读兴趣选择难易适中、内容积极健康、语言地道优美的作品，统一印发给学生，便于开展学生对作品的讨论。在固定教材的基础上，再由学生自由选择其他读本。另外，可以组建学习兴趣小组，开展形式多样的英语学习活动，与课堂教学形成互补。在整个过程中，始终强调师生双方自觉地、充分利用个人的元认知围绕主题教学内容审视旧知、开发新知；强调师生双方将各个教学环节密切配合，形成不同层级上的大大小小的多重螺旋式循环反思，在主题与主题之间建立联想，产生新的认识、新的启迪，实现新的跨越。教师要着重培养学生自我评价和自我调控的能力。一旦学习者具有这两种能力，他们离开老师自己也可以学习到新方法。

五、引入文学作品的基本原则

（一）可读性

引入的文学作品是指根据学习者的语言认知水平而选定的简本英语小说以及和教材配套的英语读本上的文章。合适的文学作品教材及读本，不仅按大学英语课程大纲的词汇标准对其难度进行分类，还会详细列出它适合哪一年级的学生阅读。对于有兴趣的学生来说，这些书籍的阅读量完全可以满足整个大学阶段的阅读需要。选择简本读物而不采用原著的原因在于学生能看懂。而只有在看懂的前提下，他们才会有感而发，认为自己的学习、生活和思想其实和小说是相同或相似的，这样他们才会更有信心地接着看下去，直到看完为止。这也正体现了语言输入理论中的输入材料是“可理解的”这一宗旨。阅读材料应根据学生的兴趣和年龄特点进行适当选择，难易度应与所学教材程度相当，或略低于教材难度，以增强学生的信心，建立“成就感”。

（二）趣味性

美国语言教育家克拉申（S.D.Krashen）的输入假设理论提出了“大量输入”，它是指广泛地听、读，以最宽的渠道获取最大量的信息，输入的量越大，学习效果就越显著。同时他还提到输入必须是有趣的。也就是说，人对有趣的或与自己有关联的事总是优先注意、积极探索，并且带有情绪色彩和向往心理。对学习活动来说，趣味性强的知识、阅读材料，学生总能主动愉快地去接近它、探究它，充分调动有意注意和无意注意，在不知不觉中轻松地掌握需要掌握的知识，从而帮助学习者实现“自我发现”，最大限度地发挥学习者自身的潜能。小说阅读的乐趣在于它是不以语法为大纲的，是一种理想的阅读，是一种思想的解放，是一种忘却烦恼、摆脱记忆负担、悠然自得的阅读，它使学习者从一种学习思想的压力下解脱出来，自由自在地翱翔在文学的海洋。

第四节 文学视角下大学英语教学改革

传统文学课程教学目标单一，文学史与文学选读课程安排不够系统，以史代读现象严重，教材选材局限性大，教学方法陈旧，评估方式欠佳，课程逐渐呈现被边缘化的趋势。因此，在欧美文学教学改革过程中，要排除实用主义和功利主义的干扰，加强欧美文学教学和改革的力度，使欧美文学课在英语专业教学中发挥积极的作用，使文学教学真正融入学生的课堂，使学生的英语学习实现质的突破。

一、文学视角下大学英语教学改革的必要性

欧美文学教学在我国经历了坎坷曲折的历程。20 世纪 60 年代以前，欧美文学教学在英语教学中占有很大的比重，人们普遍认为学习英语的目的之一是阅读欧美文学作品。欧美文学教学是培养学生人文精神、提高文化修养和英语素质必不可少的课程。英语学院和综合性大学英语系的教学计划和课程设置都着重强调欧美文学教学的作用和地位，高年级开设欧美文学课基本每周保持在 4~6 节。到了 20 世纪 80 年代，随着我国改革开放的步伐，国际上的各种英语教学理论和思潮逐步进入我国英语教学界。人们受急功近利、急于培养实用型英语人才思想的影响，认为学习英语不是为了英语本身，而是为了交际目的，于是欧美文学教学遭受空前的冷落。因此，教育主管部门

在制定教学大纲和教学计划时，尽量削弱和减少欧美文学课，英语教学偏重语言技能的培养，而忽视了欧美文学教学对学生整体水平提高的作用和功能。这一点反映在 1990 年教育部颁发实施的《高等学校英语专业高年级英语教学大纲》中，欧美文学课竟被列为选修课，该大纲对文化素质的要求也仅仅是具有较宽的知识面，对英语国家的地理、历史、社会状况、文化传统、风俗习惯等比较了解，熟悉英语国家文化，并具有较好的英语表达能力。经教育部批准 1998 年 8 月颁发的《关于外语专业面向 21 世纪本科教育改革的若干意见》中也指出，新时期英语专业的改革方向为：厚基础，宽口径，应用性，复合型。在这些权威的文件精神指导下，许多英语院系开始更改教学大纲，削减文学课程，不顾本校的实际情况，硬性增设经济、外贸、金融等课程以吸引学生。一夜之间，人们的价值观念发生了重大变化，似乎学习文学完全是无病呻吟，浪费时间。学生不再像学习主干课程那样认真预习阅读原著，欧美文学课有时甚至形同虚设。具有国内英语教学与研究风向标的权威性杂志也纷纷刊登大量语言学及应用性研究文章，而放弃发表文学教学与研究方面的文章。

对《外国语》与《英语教学与研究》自 20 世纪 80 年代以来发表的文章所做的统计显示，20 世纪 90 年代以后，欧美文学研究的文章逐渐减少，其中有几年甚至为零。广大的欧美文学教师发现他们的科研成果无处发表，于是被迫放弃文学研究，跟风去研究实用的语言学或教学方法，使欧美文学研究这一领域成为一个“被人们遗忘的角落”。在市场经济和教学大纲的导向下，学生在大学里很少阅读欧美文学作品，有的学生在大

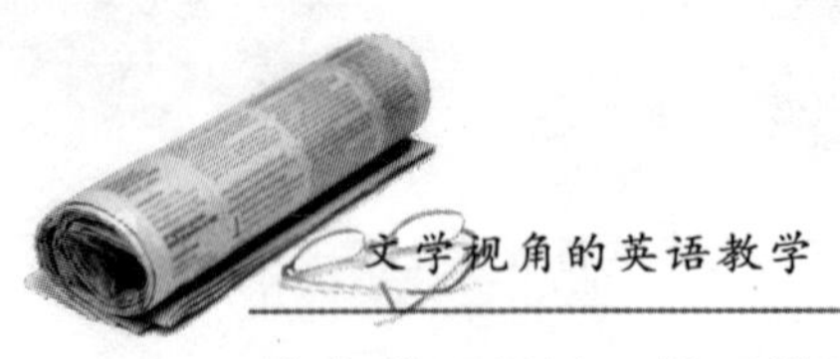

学本科四年里，甚至没有完整读过一本欧美文学原著，这直接导致了大学毕业生总体英语素质的下降。经过四年大学的所谓“英语学习”，学生的英语口语表达能力尽管比较流利，但语句浅薄呆板、毫无诗意。在涉外交流中，面对文学知识、跨社会的文化差异，或遇到一些文学名句、典故成语则往往束手无策。

可喜的是，文学素质的下降导致了英语总体素质的下降这一现象引起了许多有识之士的重视。他们不断地呼吁，扎实的英语语言基础和深厚的文学功底是英语专业教育优良的根本传统，这种优良传统应当继承和发扬光大，而不应该削弱和取消，高校英语专业教育在课时上必须提高欧美文学教学的比重。这一思想终于在教育部2000年3月批准实施的《高等学校英语专业英语教学大纲》中得到充分体现。新大纲把欧美文学课重新确立为必修课，并指出：文学课程的目的在于培养学生阅读、欣赏、理解英语文学原著的能力，掌握文学批评的基本知识和方法，开阔思维，拓宽知识结构。通过阅读和分析一定数量的欧美文学作品，促进学生语言基本功和人文素质的提高，增强学生对西方文学及文化的了解。同时，还明确地将英语专业课程设置分为三大块：1. 专业技能（读、写、听、说、译）；2. 专业知识（包括语言和文学等课程）；3. 相关专业知识（包括外交学导论、西方政治制度、商务和金融管理等课程）。这三大块应当是一个整体，绝不能将其中的一块取代另一块。大纲同时提出的“文化素养”要求学生熟悉中国文化传统，具有较高的艺术修养；熟悉英语国家的地理、历史、发展现状、文化传统、风俗习惯；具有较多的人文知识和科技知识……可以说，《高等学校英语专业英语教学大纲》明确了开设欧美文学课程的目的和欧美文学教学在英语专业教学中的地位和作用，除对英语专业有影响外，亦为非英语专业带来深刻影响，为大学的欧美文学教学提供了政策上的保障，并为欧美文学教学健康发展提供了明确的方向。

二、文学视角下大学英语教学改革的可行性

改革目前高校英语课程设置是真正落实重视欧美文学教学的第一步。从大纲上看，虽然文学课的重要性被确定无疑，也有了一定课时的保证，但目前英语的文学课程一般是在三、四年级开设，其主要原因是，英语学生需要有一个基础阶段（4个学期）来训练基本能力（听、说、读、写）；另一个原因是认为学生进入高校后的前两年不具备阅读英文原著的能力，这种观点在我国英语教学界已经根深蒂固，致使欧美文学教学在整个英语教学过程中依然举步维艰。而目前的问题是学生经过基础阶段训练后，进入大三后同样也只有两个学期左右的时间接受欧美文学的熏陶。如今，相当一部分学生一进入大三便开始考虑毕业求职问题了，许多学生一进入三年级就纷纷进入企事业单位实习、见习或兼职。另外，许多高校为了使本校的学生在参加每年3月的英语八级考试中获得较好的名次，纷纷在第七学期就组织学生进行大量的应试练习，学生基本上没有多少时间花在其他专业课上，更不用说花精力在欧美文学课上了。这些情况势必造成文学作品阅读量的减少。有鉴于此，解决问题的唯一办法是压缩英语的基础课程，把前4个学期的基础必修课压缩到3个学期或更少一点儿，把文学课提前一个学期或一学年授课，使文学课的教学有一定的时间保障。可是，压缩英语基础课程行得通吗？根据我们的调查和教学经历，按照我

国目前高校英语专业学生的英语入学水平，压缩英语基础课程不仅是可行的，而且是完全必要的。现行的《高等学校英语教学大纲》把新生的词汇量定为1800个，规定经过两年的基础英语训练，一般学生应达到4200个的词汇量。但是，综观近几年我国英语教育改革现状，中小学的英语教学改革力度远远超过大学的英语教学改革，其结果是大学新生入学时的总体英语水平得到普遍提高，尤其是进入英语专业学习的学生，实际水平已经远远超过1800个的词汇量。教育部基础教育司在2001年正式颁布了《国家基础教育英语课程标准（3—12年级）》，规定今后高中毕业生要达到3000个单词和400~500个习惯用语或固定搭配。有一些省、市甚至提出了更高的要求，如上海市提出小学毕业生要求掌握1000个词汇，初中毕业生3000词汇，高中毕业生5000词汇；广东省教育厅规定全省高中将实行用全英语授课。这些规定的出台意味着大学英语专业学生的入学水平已经大大提高，也意味着英语专业教学面临着更大的挑战。一方面，新生的入学水平逐年提高；另一方面，高校的英语教学还是墨守成规，让所有的学生按部就班地修完4个学期的基础课程，其结果造成基础较好的学生感到大学的学习是在“炒冷饭”，在专业学习上“吃不饱”，要学的课程学不到，不要学的内容，却硬逼着去学。尤其是在基础阶段学习的两年里，许多教学内容的难度甚至还停留在高中英语的水平上，这已经成为高校英语专业教学的一个普遍现象，而这种现象使英语教学处在一种非常尴尬的局面，这一点在普通高校英语院、系中表现尤为明显。如果新生以3000~4000个词汇进入大学，那么基础英语的课程是完全可以压缩的。在基础阶段学习过程中，除了英语专业的学生必须接受训练的技能课程，如英语听力、口语、语音等课程外，完全可以把欧美文学课提前到大二下学期进行，学生可以通过大量阅读欧美文学作品，感受到英语文学的魅力，极大地提高学习英语的热情和兴趣，从而广泛地、自觉地去阅读欧美文学原著。

三、文学理论的发展对大学英语文学教学改革的启示

（一）读者的时代

20 世纪被称作“批评的世纪”，是世界文学批评发展史上理论探讨空前繁荣的时期。高度理论化的文学批评流派纷呈、发展迅猛，成为一门宏大的与文学创作分庭抗礼、并驾齐驱并对其产生重大影响的人文学科。19 世纪以前的西方文学批评主要探讨世界（现实）与作者、作品的关系。20 世纪以来，批评的目光转向文学作品本身的形式审美，文学批评成为一种内在的研究，比如新的文学批评强调作品的意义、价值存在于作品的形式中，作品的文学性应是作品中所有艺术手段的总和。无论外在的参照系批评还是内在的审美批评，批评家关注的只是作家和作品，这种关注反映在文学教学上就形成了历史传记式或生平传记式与评论式教学模式。这种模式关注的是两个“C”（Comprehension and Critical Skills），即“理解”和“评判技巧”。这种理解的层面大都限于语言现象和语言点，评判技巧则涉及时代背景、作者生平以及如何从社会、政治、历史的角度对作品进行评论。这种教学模式可能导致学生的理解力增强，但对文学的疑惑性和惊奇性减弱；解答性增强，发现性和感受性减弱；逻辑性增强，创造性减弱。久而久之，思维反而变得机械和平庸，失去了对文学的向往和信任。

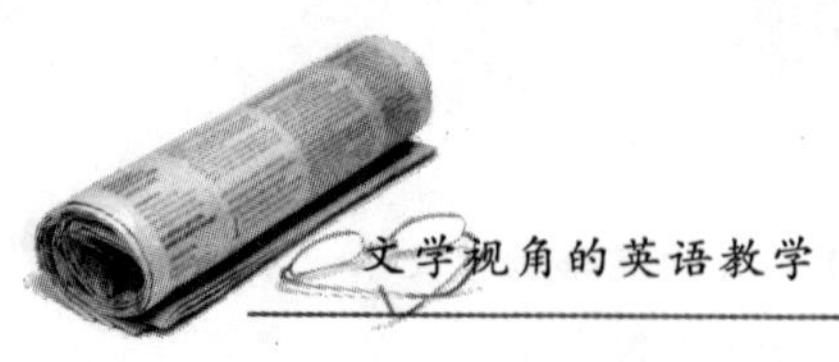

20世纪60年代以来，文学批评的目光终于从作者和作品内容转向作品的形式结构与读者，这一变化导致了以读者为中心的读者反应论的兴起，它的特点是反对形式主义批评所侧重的文本中心论，主张把注意力转向文学作品的阅读和阐释，转向阅读在产生意义的过程中所起的作用。批评家开始探讨认识论、语言、心理和社会因素的作用对于阅读行为以及作品与读者之间的相互交流所产生的影响。从总体上看，这是一个革命性的转变。批评家关注的视线从作品转到阅读行为，从作品创作转到理解和交流，这无疑拓展了文学批评的研究领域，并且重新界定了意义和理解、意义和阐释的理论。在美国，读者反应批评的代表人物有S.费什（Stanley Fish）、N.霍兰德（Norman Holland）和D.布莱奇（David Bleich）。费什的研究揭示了从现象学到后结构主义批评的发展轨迹；霍兰德的批评重新阐释了传统的精神分析因子；布莱奇的批评理论建立在分析学生阅读反应的基础之上，十分注重文学理论的实践性。三位理论家都主张把文学研究的理论成果推广到教育学和教学实践中。读者反应批评的主张涉及当代文学理论研究的新课题，即读者主体如何通过阅读和接受来释放作品的内涵，涉及文学理论与文学教育的内在联系。作品的虚拟世界产生于作者的内心生活与外部现实的交汇之处，而读者要获得作品的意义，则需要通过读者的内心体验与文本字里行间词语的交汇来重构这个虚拟世界。离开了读者的参与，没有读者的感受，文学作品的意义便无从谈起。反映在文学教学上，教师关注的重心就要发生相应变化，这个重心就是两个“R”（the readers'role and the nature of literary response），即“读者的作用”和“对文学作品的感受”。

（二）文学是一种参与、一种交流

没有读者的参与、解读和接受，文学就不复存在。文学教学首先要考虑接受者因素和学习者的参与机制。

1. 接受者因素

在文学教学过程中，大学生是文学信息的接受者。文学作品作为“文本”本身是静态的，作为个体存在的、有距离感的；而接受者是能动的、可变的，作为群体出现的。教师关注的中心应当是接受者因素，因为它是文学文本的意义实现过程中重要的功能机制。作品的意义存在于它被读者感受和接受的经历。接受是动态的、变化的，读者对展开的作品进行连续体验，涉及多种因素，包括领会、判断、修正、预测、转折和发现等。

2. “阐释群体”

“阐释群体”对于探寻写作文本的特性和明确它们的意向具有共同的“阐释策略”，这些策略在阅读行为开始之前就已形成，因而决定着所读之物的形式和存在。所有的意义都是读者对文本进行随时间流动的体验时，通过特殊的阅读行为和“阐释策略”产生的。把这一概念用于文学教学实践，那么文学课堂就是由一个个“阐释群体”组成的，而群体成员的“阐释策略”就是他们共同具有的一种文学能力。

从根本上看，文学作品都是作者对人生进行体验、感受和思考的产物。而读者在阅读时总是带着个人体验和预想去获得知识。批评家把这种思想准备看作文学能力。这种能力不是天生的，而是通过学校教育，通过阅读体验和积累逐步掌握的理解文学程式和意义的能力。“阐释群体”的任务就是在教师的引导下，多层面地运用“阐释策略”直接与文学作品进行交流

的活动。教师应当把教学活动从一种封闭的、单向的传授活动转变为开放的、可变的、多向的和多层次的交流活动，提供条件，促使学生自己走向知识的喷泉，学会用自己的智慧去获取知识。

（三）文学是一种感受

从认识论的角度来看，一个人在进行直接的思考和认知之前总是先产生感觉或感受，先有情感因素。在文学课教学中，教师应首先关注学生对作品本身产生的情感反应，然后才是各层面的探讨。教师首先要问的是，学生读作品时是怎么感受的，而不是怎么思考的。文学作品具有不同的层面，包含的人类想象因素也特别丰富。基本的想象活动能唤起好奇心或者激起某种反应（如疑惑、欢笑，希望发现更多的东西，甚至是一种回避的愿望）。

为什么在文学教学中要注重学习者的反应呢？首先，这是文学作品的特点使然。任何一篇文学佳作都具有无限想象的空间，其丰富性和深度是难以穷尽的。对于读者而言，是永不枯竭的想象和再创作的源头，能够激发思想，引起遐想。其次，文学创作像所有伟大的艺术一样，其最深刻的意义，因人而异、因时而异。

（四）文学是一种投入

教师可采取散而复归式的做法，将整个“阐释群体”分散为几个小的“阐释群体”，每个群体在规定时间内（可长可短）集体完成一项任务，然后回归大群体，把最终的结果展示出来。在教学实践中，教师可以利用各种文学素材设计活动。例如，在莎士比亚戏剧《皆大欢喜》中，杰奎斯有一段著名的话“人生的七个阶段”，教师可以根据这段话设计教学活动，把全班分为若干小的“阐释群体”，对每个群体进行分工。

（1）“婴孩阶段”为一组，负责收集和整理有关婴孩题材的素材，包括文学作品和现实生活中的任何材料。

（2）“学童阶段”为一组，负责收集和整理有关婴孩题材的素材，可以特别关注儿童文学作品以及像马克·吐温作品那样写少年题材的世界名著。

（3）“恋人阶段”为一组，负责收集和整理世界名著中有关爱情题材的作品。

（4）“军人阶段”为一组，负责收集和整理世界名著中有关战争题材的作品。

（5）“法官阶段”为一组，负责收集和整理有关罪与罚题材的文学作品（如探案小说）以及现实生活中的案例（也可以从实用主义出发，收集和整理有关法律内容的英语语料，探讨法律英语的特点）。

（6）“龙钟老叟阶段”为一组，负责收集和整理有关老人题材的文学作品（如《老人与海》《金色池塘》等）。

各“阐释群体”的活动可以根据实际情况从数周、数月到一个学期不等，然后各个小“阐释群体”回到大“阐释群体”，分别将本组的成果展示出来。这种展示就是相互学习、相互借鉴和共享“阐释策略”。如果有条件，可要求各小组用多媒体手段制作视听材料进行展示。

四、文学视角下的大学英语教学改革

（一）教材的改革

各高校中，英语欧美文学课程通常包括欧美文学史和欧美文学选读两大内容，各高校在课程开设时有分别开课的，也有

合二为一的。我国近20年出版的最为流行的欧美文学教材，几乎无一例外地采用以史为序的编排方式。这种排列方式的优点是脉络清晰，有利于学生对欧美文学有一个宏观上的认识。弊端是由于文学的广博性，初学者最先接触到的是时间上距现在最远、语言上最艰涩的部分，再加上课时被压缩，往往上了一个学期的文学课后，到学期结束时，还有很多重要的作家、作品没有讲解到，现今的文学教材大都写到1945年前后，对英美后现代主义文学—“愤怒的青年一代”文学、“垮掉派”文学、黑人文学和亚裔美国文学涉猎甚少。在文学教学中，这种重古薄今、以偏概全的现象十分常见。学生学习两年之后，除了能记些作家作品的名字或在课堂上提到过的某些作品的内容梗概外，留在头脑里的印象非常淡薄，甚至模糊。以英国文学为例，按照现行教材的体系，学生首次开始文学学习的探险，就遭遇最为艰涩的古英语诗歌《贝奥武甫》。教学实践表明，为了达到基本的理解，大量时间被用在对诗歌用词、术语、格律等方面的解释上了，文学课堂成了精读和语法课。《关于外语专业面向21世纪本科教育改革的若干意见》中指出：“市场对单纯语言文学专业毕业生的需求量正逐渐减小。我国每年仅需要少量英语与文学英语与语言相结合的专业人才。”据此，欧美文学教学的改革，首先，在教材上要打破过去“以史为序”的框架，采用类似“断代文学”的做法，不妨从注重情节、语言规范、最适合初学者的19世纪文学学起，打破以往的学习顺序；题材的选择上也依照学生的接受程度，按小说、散文、诗歌、戏剧、评论排列。其次，在文学史与文学选读的关系上，基本上遵守句以文为纲，但为了保持文学发展的整体面貌，清晰地呈现文学的产生与继承发展的线索，在选读进行当中加入文学史部分的课程，或者作为课外阅读布置给学生，课堂上只进行讨论和概括。如此，可收到事半功倍的效果。

（二）教学模式的改革

1. 课程力求少而精

欧美的文学作品浩如烟海，学生不可能既深且广地掌握全部欧美文学作品。因此，教师应该从学生的接受能力出发，精而又精地选择一定数量的欧美文学作品家、作品去了解、研读。少而精是欧美文学课教学中至关重要的原则。所谓“少”，是指在一个时代、一个作家身上选择最有代表性的名著作为研究学习的对象。与其囫囵吞枣地泛读很多作品，结果收效甚微，不如深入研读几部欧美文学名著更有益。比如，与其长篇累牍地介绍莎士比亚的十几个剧本知识，不如让学生仔细研读一本《哈姆雷特》有效。

所谓“精”，就是要精读、吃透，让学生把学过的知识化为自己的灵魂血肉，使之成为永恒的滋养。少而精的教学，就不应“满堂灌”。教材发给学生去读，教师只需对所选名著提出应理解的问题，做启发式指点。在具体的教学中，首先要帮助学生尽快进入欧美文学世界，在讲授欧美文学课时，教师应系统地传授欧美文学知识，系统地介绍一些英语文学术语，然后结合讲授文学史中的各种流派，使学生对欧美文学形成与发展的全貌有大概的了解。这样就为文学的教学和阅读做了准备。一般来讲，英语诗歌最难学也最难教。这主要是因为英语诗歌的格律、韵律、节奏及音乐性与汉语诗歌截然不同。因此，在讲授英语诗歌之前，必须首先讲解英语诗歌的有关术语，使学

生在头脑中建立起英语诗歌的诗体、意境和音韵的基本概念。

2. 加强对学生的德育教育

作为人类意识形态之一的文学并不是孤立存在的。作家的创作活动、文学的发展历程、文学研究都是和社会背景、历史、文化、心理、宗教、艺术、自然科学等密切相关的，在讲欧美文学时应注意把世界其他民族的文化与文学融为一体，使学生在学好欧美文学知识的同时丰富其文化含量，达到加强大学生文化素质教育的目的。在欧美文学课的教学过程中，应联系我国实际，寻找契合点。比如，通过阅读《被缚的普罗米修斯》《远大前程》等作品加强人生理想教育；通过《伊里亚特》《丧钟为谁而鸣》等加强爱国、爱民、爱社会主义教育；通过欧美文学作品中的爱情描写，引导学生树立崇高的德育情操和正确的爱情观；等等。

3. 注意培养学生的文化意识

文学是一个民族优秀文化思想的结晶，是一个民族社会、文化生活的缩影，是人类宝贵的精神财富，是文化的载体，它反映了一个民族社会、政治、经济、生活习俗等许多文化的因素。要掌握英语，一方面要注意它的工具性，另一方面要关注它的人文性和思想性，后者包括学习者对目的语的文化与文学的敏感性及修养，而且是在语言学习和教学中最容易被忽略的。英语人才的培养不仅是对英语语言能力的培养，也是对跨社会文化的培养。实践证明，在我国英语学习环境欠佳的情况下，欧美文学教学更能有效地弥补这方面的不足，满足培养跨文化交际能力的需要，欧美文学作品自然成了一种理想的学习语言与文化的材料。欧美文学教学为学生提供了了解英美文化传统、社会、政治和经济制度等背景知识的机会。文学作品所包含的文化知识、文学知识及其具有的哲学、人文、美学等是某一民族社会文化的缩影。就此而言，文学教学在语言学习中的重要性是不容置疑的，欧美文学教学是培养具备人文精神、良好文化修养和高素质英语人才必不可少的课程。通过欧美文学教学，可以提高学生的语言修养和文学素质，塑造完美的人格，增强其跨文化的交际意识和文化鉴赏能力，使之成为具备较高素质的英语人才。

4. 改变以教师为主的教授模式

改变以教师为主的教授模式可以让学生积极参与到文学活动中来。文学是一种参与、一种交流，没有读者的参与、解读和接受，文学就不复存在。文学不仅仅是语言艺术的形式，从更深广的意义上讲，它是复杂的社会生活的浓缩，文学知识的吸收有赖于接受者的参与、交流与体验。文学作品是作者对人生的体验、感受和思考的记录，读者的理解只有与作者交流的过程中才能实现，即把个人对生活的体验和感受投入作品里面，与作者进行交流。因此，文学课应启发和引导学生，唤起学生的参与热情。教师要善于调动学生的情感反应，以作者的代言人身份感动读者，这样可以使学生全身心地投入文学作品的世界中直接体验文本，切身感受语言大师们的语言艺术，逐渐培养他们的语感，使其在学习巩固语言知识的同时，学会从文学作品中认识社会和人生，进一步提高欣赏作品的能力。为了达到让学生参与的目的，教师应要求学生在阅读原文的基础上，结合个人的阅读体验和分析，撰写读书报告或评论文章，指导学生根据自己阅读作品的感悟对前人的观点进行评论，使他们

运用语言的能力在实践中逐步提高，从而培养学生的批判能力与创造能力。

5. 充分利用现代教育技术手段

通过利用现代化技术手段，进一步提高文学教学效果。文学是一种资源、财富和修养，现代教育技术为更好地开发文学资源提供了强有力的手段。科学技术的迅猛发展和信息时代的到来，为教育手段的现代化提供了一定的条件和保障，也为英语教学提供了丰富的资源。教学手段的现代化关系到人才培养的质量，文学课也要充分利用现代化教育手段，为提高教学效率、培养学生有效地学习创造条件。在文学阅读初级阶段，教师可利用现代化教学手段，组织学生观看由欧美文学原著改编而成的影视作品。影视作品的音、画、影、像提供了直观的艺术形象，使阅读材料变得形象、具体、生动，从而激发了学生的兴趣和想象力。到了提高阶段，在学生阅读原著的基础上，再让他们看改编的影视作品，就能对学生产生视听冲击力，从而激发他们的情感，启迪他们的想象和联想，让他们在饶有情趣的状态下进入作品意境，进一步加深对文学作品的认识和理解，增加语言学习的力度、深度和广度。

6. 组织丰富多彩的文学课外活动

欧美文学的内容很多，历史跨度大，文学流派众多，作家的风格纷繁多样，而它的课时较少，一般每周 2~4 节课，开设时间最多的不超过 3 个学期。所以，除课堂教学外，文学课教师应该多组织课外活动，如举办文学沙龙，开展配乐诗歌朗诵、作品讨论及名著表演等活动。另外，还应充分利用互联网组织学生开展自主学习，把学生带到一个广阔的文学世界中去，学生通过 BBS 和 E-mail 可以与国内外众多的文学网站与文学爱好者建立友好关系。这些活动不仅能丰富学生的课外生活，还能使学生增强文学素养，提高表现技能，并且使他们的语言能力得到充分的发挥和多样的发展。

运用以上教学方法，不仅能使学生获得有关欧美文学方面的专业知识，还能丰富其社会文化知识，培养较强的跨文化意识，进一步提高语言表达、思维和创造能力。学生通过阅读文学作品，主动参与文学内涵的寻找、发现和创造过程，逐步养成敏锐的感受能力，掌握严谨的分析方法，形成准确的表达方式。这样就可逐步达到文学课程的要求，把对学生专业知识、语言运用能力、创新精神与能力及文化意识的培养有机结合起来，提高课程的效益，从而使欧美文学课程在新世纪为复合型英语人才的培养发挥其应有的作用。

7. 培养学生的自学能力

课外将阅读、写作、讨论相结合，培养学生的自主学习能力。学生能否有发展的一个重要影响因素便是善不善于自学，毕业时成绩好的学生，大都平时喜欢读书和思考。思想丰富，语言才能丰富；思维清晰，语言才能通达。每学期开学前要求各班学生必须从推荐书目里选出两本必读的英文原著（同班学生所选作品尽量避免重复），并将落实情况及时反馈，同时布置相应的读书报告与学期论文撰写任务（读书报告与学期论文不能取自同一作品）。此外，在学习期间，要求学生按时完成选读教材上的选段阅读并讨论所给出的思考题。课外作品阅读、读书报告及学期论文撰写、思考题讨论有助于提升学生的自主学习能力，培养学生的思维能力、创新能力等。

（三）评价方式的改革

平时，在学生学习的评估方面，教师可以引进综合测评项目。教师应鼓励学生参加各种与文学相关的活动。例如，组织文学讨论小组，让学生自己编制剧本，组织学生进行情境表演等。同时，还可以开展各种类型的竞赛。比如英语诗歌朗读比赛、英语经典影片片段表演竞赛、英语文章阅读比赛等。学生参与这些活动的表现及成绩会被计入平时的成绩中，优秀的学生将在院系中获得表扬，并且可以得到综合测评的加分。期末的时候，改革传统的考试方法，突破单一闭卷考试模式的限制，大胆进行开卷考试模式的探索。试卷提供可供学生根据自己的兴趣点进行灵活选择的主观分析题和文学文本，以考查学生对社会思潮、文学现象、文学流派的掌握，鼓励学生运用基本的文学理论方法进行文学文本分析，最终培养学生独立分析问题、解决问题的能力，这种灵活开放式的考试模式侧重对学生运用知识的考察和综合素质的培养，是对传统的死记硬背的应试模式的有力突破，从而使学生从传统的死记硬背的僵化、被动的思维习惯中彻底解放出来。

第四章
文学视角下的大学英语教学

第一节　文学视角下的大学英语词汇教学

当前在大学英语词汇教学中，许多教师还在沿用传统的词汇教学法：课堂词汇教学和文本分离，往往是词汇先行，文本随后。在讲授新课前，教师习惯先讲解词汇，并辅助以练习加以巩固。在这种词汇教学法中，虽然师生都投入了大量的时间和精力，反复做题、反复评讲，但是收到的效果并不好。词汇学习已经造成许多学生对英语学习失去信心，也是让广大教师备感头疼的一大难题。在欧美文学阅读中进行大学英语词汇教学适合当前的大班教学，不会受到学生人数的影响，便于操作。学生学习英语的兴趣被激发，欧美文学阅读所提供的精彩丰富的语言环境让学生从被动学习转向主动学习。在欧美文学阅读中进行大学英语词汇教学符合学生的认知规律，只有暴露在强大的文本中，学生才能在无意识中真正习得词汇。

一、文学视角下英语词汇教学的重要性

在大学英语教学中，语音、语法和词汇的教学都是不可忽视的重要部分，而对于语法教学与词汇教学孰轻孰重的争论一直都在，这是一个见仁见智的问题。在传统的教学中，教师往往把语法结构作为教学的终极目标。没有语法，人们不能表达很多东西；而没有词汇，人们则无法表达任何东西，词汇学习应该是大学英语教学最基本、最重要的部分。

《大学英语课程教学要求》明确提出：大学英语教学目标是培养学生英语综合应用能力，特别是听说能力，使他们在今后工作和交往中能用英语有效地进行口头和书面的信息交流，同时增强其自主学习能力、提高综合文化素养。这里所提到的英语综合应用能力包括听力理解、口语表达、阅读理解、书面表达和翻译等能力，这些构成了信息交流、自主学习和提高文化素养的基础，而词汇的教学又是这一切的基础。在《大学英语课程教学要求》对每个阶段不同教学水平的要求中，无不把词汇量的大小作为各种能力检测的重要标准和依据。比如，对于阅读理解能力的考查，首先需要从文章篇幅的长短和新词的多少来判断文章的难度，然后结合阅读者的速度，即每分钟的词汇阅读量以及对于文章主要内容和中心思想等的把握来判断阅读效果。由此可见，词汇教学的重要程度非同一般。

美国著名认知心理学家布鲁纳认为，学习任何一门学科的最终目的都是构建学生良好的认知结构，这是一个需要经历获得、转化和评价的过程。在语言学习过程中，教师的讲解、学生的习得和应用以及对学习效果的评价和检测，环环紧扣，每一步都很重要。那么，作为语言学习的基础和学习效果检测的标准词汇，就显得尤其重要。

学生和教师都充分地意识到词汇学习的重要性。在课程讲授的过程中，教师会挑出重要单词，对其从词性到组句到应用进行细致的讲解。学生对词汇的重视程度也在日益增强。尽管大学英语四、六级考试和其他英语水平测试经历了一次次从内容到形式的改变，但是词汇部分始终被保留下来，这也是词汇学习重要性的有力证明。然而受传统教学法的影响，教师在教

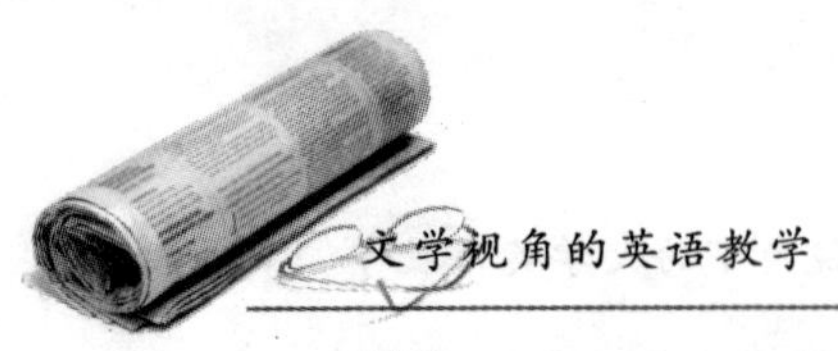

学中讲解的词汇知识尽管多而细，但是由于前后联系不甚紧密、系统性不强，加上单词的重复率低，学生并不能很好地消化和吸收，往往是前学后忘。再加上英语词汇繁多，常用词汇远远超过学生对母语的要求，长期受四、六级考试等功利性目的的影响，学生记忆单词的途径主要靠专用的词汇表和电子词典，不太关注词义之间的内在联系，更不用说词汇的搭配和语体语境的问题了。诸多原因使词汇失去了它应有的使用价值，不仅不利于学生的语言学习，还造成学生不能地道、流利地用英语表达。教师应当在词汇教学中构建理想的教学模式，在激发学生学习兴趣、丰富学生词汇量的同时，以词汇教学带动其他语言技能的提高。

二、欧美文学阅读对改善大学英语词汇教学效果的作用

欧美文学是欧美国家文化的精髓，它的语言、意境以及词语等都是经过作家深思熟虑才创作出来的。所以，它对于大学生学习英语有很大的帮助，因为欧美文学阅读不但可以使学生在具体语境中对词汇进行理解记忆，还可以让学生通过查阅工具书对词汇进行学习和记忆。教师必须结合学生的实际情况，选择恰当的文学作品，合理利用其特点，这样学生不但可以提高自身的英语阅读能力，还能积累大量的词汇，提高词汇运用能力和英语的综合能力。在阅读经典文学作品时，学生能够更方便地了解词汇的语境，不会像教师直接讲解那般突兀，记忆力和理解力都会有一定的提升。

（一）在英文素养方面

英语成绩的提升不仅仅表现在单一的成绩方面，其中起到重要作用的是文学素养，或者也可以说是英文素养。良好的素

养可以使得学生在之后的学习中更加得心应手。而将文学名著阅读作为最直接的增加词汇量的方式，无疑可将这一效果最大化。在平日的课本学习中，多数是一般的情境对话，或者是一般的语言材料，许多内容较为贴近生活。这为学生的学习提供了很大的便利。进行文学名著阅读之后，学生对英语的学习得到了很大改观，在很大程度上增加了对英语学习的兴趣和动力。在这个过程中，学生不仅仅是在进行英语阅读，更是在翻阅一个不一样的世界，体会不一样的民俗风情，感悟另一个国度的文学魅力，实在是一个不可多得的好方法。同时，英语文学名著本身的故事意味深长，给了学生很多启迪，扩大了学生的视野。

（二）在语言运用方面

1. 语言基础知识得到巩固

在进行英语名著阅读的同时，不可避免地会遇到许多生词、各种各样的句型，甚至是不常见的语言现象，但是这都不会成为太大的阻力。一方面，学生可以通过查阅字典进行释义；另一方面，名著富有趣味，从句子本身便可以对词义有所猜测，这样就更进一步加深了对词义的理解。同时，文中所涉及的句型语法等，对学生的英语学习有很大的帮助。

2. 阅读能力得到有效提升

阅读理解已经成为试卷中的重量级题目，对于阅读类题目的研究自一开始就已经存在了。以往在进行阅读理解时，多是逐字逐句地来理解，总认为只有将所有的单词、句子的意思都完全弄明白了才可以更好地答题。但是在进行了名著阅读之后，才发现原来的方式并不是很适合，有很多生僻的单词，其实可以根据句子的前后意思进行揣摩；而且阅读名著的时候，没有

考试时候的压力，便会不太顾及单词释义或者是句子语法，直接往下通读，结果发现其实也并没有那么糟糕，甚至对文字的理解超出了之前对自己的评估。

3. 写作能力进一步提高

在进行外国文学名著阅读学习的同时，可以学习到其中语言部分的精华和技巧。比如夸张和比喻这类修辞手法，为写作方面提供了很大的借鉴之处。另外，还有一些谚语，这里包含了其国家本身的特色，在了解到有趣语言的同时，可进一步加深对其民族本身的认识，再将这些语句运用到写作中，更是对文章的锦上添花。不可忽视的是，这之中所蕴含的文学涵养，大量的阅读会不知不觉地促进文学修养的提升。

4. 有利于学生根据语境理解和记忆词汇

任何欧美文学都具有相关的语境，语境可以引起学生的阅读兴趣和学习兴趣，可以帮助学生更好地理解名著内容，然后对文中的词汇学生就更容易理解和记忆。对内容理解越深刻就越有利于学生对词汇的记忆，同时还可以使学生记忆的内容牢固和可靠。文艺复兴时期，英国杰出的戏剧家和诗人莎士比亚的著名讽刺性喜剧《威尼斯商人》就作为典型被选进大学英语教材中。这篇课文中的一些词汇对于大学生来说难免会生僻和难懂，所以，即使在正式上课之前学生已经学习了有关这篇课文的一些单词，但是没有在具体的语境中进行运用，学生还是很难理解这些词汇的具体意思。在学习这篇课文以后，通过学生自己阅读和教师的引导分析，再加上课堂上的角色扮演等教学方法，教师让学生很快地认识、理解了这些生僻的词汇。学生之所以能够较快地认识和理解这些词汇，就是由于名著具有有趣的特点，它可以让学生在理解中对词汇进行记忆。同时，在阅读欧美文学时，学生还可以根据具体的语境理解词汇的不同意思。例如，我们都知道 time 是“时间”的意思，而在这篇课文的“ If you offered me six times what you have offered”这句话中，“time”就成了次数的意思。

5. 有利于学生根据自己对名著的了解进行词汇理解的记忆

作为大学的学生，已经通过大学语文的学习和自己的日常生活以及课外的积累接触和了解了很多有关的欧美文学。这对于通过欧美文学阅读来学习英语词汇有很大的帮助。对于一篇名著，学生可能已经了解和熟悉了它所描写的具体内容。所以，在阅读英语文字的名著时，遇到不理解的词汇，学生可以充分发挥他们的主观能动性，对生僻的词汇进行尝试回忆或者通过语境充分发挥自己想象力的方法进行学习。同时，对于一些确实不能自己通过发挥主观能动性来认识的词汇，学生可以通过查词典或者字典等工具书来解决。通过查工具书，学生就会对词汇的印象更深刻，有助于学生进行词汇的学习和记忆。

（三）在人文素养方面

以上两部分描述和展示了英语文学名著的阅读对于学习方面的积极意义和作用，其实就打开眼界来说，阅读英语文学名著对于世界观的改造和成型也有很大的帮助，一方面是因为大学阶段是塑造人生观、价值观等的重要阶段，这一时期的影响对人的一生有决定性意义；另一方面是因为文学名著作品本身所蕴含的种种精神内涵对人的心灵会产生巨大的影响。加之现今的社会生活弥漫着浮躁的气息，便捷的网络所带来的各种文化冲击，使得人们在一定的客观条件下，无法正确认识世界和

理解世界，而文学名著本身所具有的正能量，无疑是在这个时代最具有价值力和引导力的事物，从一定意义上来讲，具有极大的导航作用。虽然阅读英语文学名著主要是为了增加学生的词汇量，但其也对学生本身的阅读、写作以及世界观的改造具有极大的价值和作用。

三、以欧美文学阅读为基础的大学英语词汇教学的优势

利用好欧美文学的特点，教师要选择难度适宜的欧美文学阅读材料提供给学生。通过一段时间的阅读学习，不仅能达到提升学生阅读能力的效果，还能因为文学所具有的词汇准确性、丰富性而达到提高阅读者文化素质及词汇应用水平的目的。文学是语言的艺术，又是艺术的语言，文学的美丽通过语言来表达，而语言又被文学赋予了深刻的内涵和无限的表现力。语言像一面镜子，反映着社会和民族的文化与每个民族的文化都是在特定的自然环境、历史条件、地理位置和社会现实中形成的，因此具有特殊性。文学之所以成为经典，必然具备对其独特文化最精确记录的功能。文学是经过了大众选择具有代表性的精髓，它们虽然高于生活，却更源自生活。艺术可虚构，但是虚构要合理。虚构的目的是引人喜欢，因此必须贴近真实。

语言的基础是词汇，文学中词汇的准确性是不容置疑的。在阅读文学作品的过程中，学生可以接触到更多有语境的词汇，不会像阅读课本上的节选材料那么突兀，有文学阅读作为基础，学生在词汇学习过程中遇到重复出现词汇的可能性就增大，加上有阅读文本上下文的提示，词汇的学习就具备了复习的性质，那么学生对词汇的记忆必然得以加强。以文学阅读为基础的词汇教学，能让学生对词汇的使用有更好的理解，这可以从多个

角度体现出来。

首先，文学对语言的各种修辞手段的精美应用无论是隐喻、拟人、反语，还是夸张、对比和排比，都增强了语言的生动性。以文学阅读为基础的词汇教学能让学生在对修辞手法应用的体会中，消除单纯背记词汇条款的枯燥，赋予词汇生命，使学习过程成为一种享受。海明威的作品以文字短小精悍、意义深刻而见长，他的作品是欧美文学中的代表之作。单就他的著名小说《永别了，武器》（A farewell to Arms ）的中文翻译就体现了作者运用词汇的高超技能。这部小说讲述的是主人公从极度崇拜战争到经历战争，再到全力逃避战争的故事，他的感情也经历了从轻浮的交往到认识到爱人的重要性并带她逃离战争之地的过程。本来这个故事可以有一个圆满的结局，但是故事以女主人公在生产过程中难产死亡为结局。于是按字面意思来说译为“向 arms 说再见”。英语 arms 可以对应“武器”和“手臂”两种意思，加上译者对于作品的理解而分别被翻译为“永别了，武器”（放下武器就是告别战争，这里告别的武器，是用武器借代了战争的含义）和“战地春梦”（这是发生在战争年代的凄美的爱情故事，逝去的爱人就是迷失了的感情的港湾，而爱情最温暖的港湾就是爱人的手臂，这里用手臂代表了爱情。梦是瞬间性的，而战地的春梦更容易在惊醒后逝去，最后成空）。单是题目中双关语和借代手法的运用就让这部小说在海明威的作品中占据了突出的位置，更不用说其深邃而吸引人的故事内容了。类似的作品在欧美文学中有很多，如果能以对这类作品的阅读作为基础，那么在保证相关词汇应用准确度的同时，还能兼具对修辞的理解，有助于提高阅读水平和写作能力。

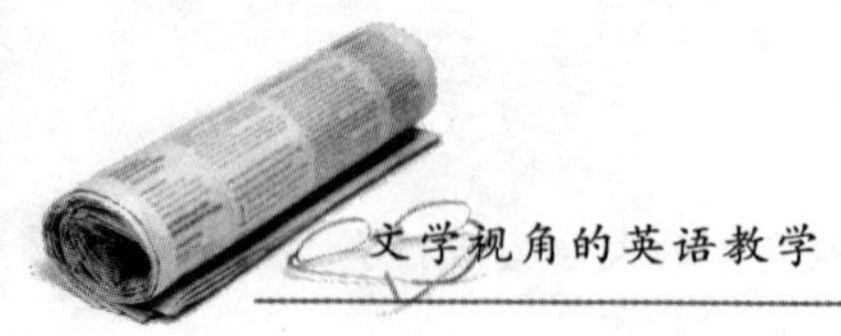

其次，文学当中肯定会涉及众多人物，不同的人物有不同的个性、经历和喜好，这也就注定了他们有不同的语言风格。在莱辛的《拉奥孔》中，他说道："一切物体不仅在空间中存在，而且也在时间中存在。物体也持续，在它的持续期内的每一顷刻都可以现出不同的样子，处在不同的组合里。每一个这样顷刻的显现和组合是前一个显现和组合的后果，而且也能成为后一顷刻的显现和组合的原因。"不要说对于不同的人物，即使对于同一个人，这一刻和下一刻的想法和行动也会有完全不同的体现，在文学中这就被不同的词汇体现出来。通过对不同人物的语言进行分析，揣摩人物性格，不仅能加强语言理解能力，还能鉴别同义词汇在内涵上的不同，进一步了解词汇的微妙差异。比如玛格丽特的经典小说《乱世佳人》因其精彩的描写而经久不衰。这部小说涉及的人物众多，人物的语言也各有自己的特色。主人公斯嘉丽美丽大方，自主性很强，她的言语当中涉及的词汇就显得很阳光，在她的话语中总能听到诸如 I will 之类表示肯定的词语。相对她的勇敢坚定，阿希礼就显得非常懦弱，他不敢接受斯嘉丽的爱，在他的话语中总带有一种唯唯诺诺的语气，一个字母之差的 well 是他的常用词，这是一种附和他人或征求意见的语气，没有丝毫的魄力。斯嘉丽的保姆和仆人是黑奴，在那个种族分化明显的时代，她们的话语中还有一些没有完全改进的黑人英语，这和她们的身份相符，也透露着强烈的时代文化信息。

以欧美文学的阅读作为基础进行词汇教学，能让学生更深刻地体会不同词汇，哪怕是最简单的词汇所带来的深意。这种结合不同语言风格所进行的文学阅读能够带给读者无限的生动感，了解异域文化不知晓他人思维。文学通过最简单的词汇调动学生学习的积极性和主动性，从而增强学生学习语言的兴趣。另外，文学是具有传承性的文学。文学所覆盖的学识的广度是其他任何艺术都不能取代的。文学要得以传承，必须具备典型性特征，而一旦被传承下去，势必对后来的文学产生深远影响。在欧美文学的传承过程中，不管文学形式做了多大的改动，基本的文化精髓还会被一直保存下去。了解了相应的文化知识，才能知其然更知其所以然。例如，《圣经》是不可否认的文学巨著，它对英美文化的影响之深是有目共睹的，《圣经》中的故事成为后期一部又一部艺术作品的创作素材。没有对《圣经》的了解，班扬的《天路历程》读来就是一片混乱；萨克雷的《名利场》就会显得不知所云；更不用说对乔伊斯意识流代表作《尤利西斯》名字来源及作品结构的理解。英美国家甚多的词汇和习语都是以《圣经》的描述作为背景。有对《圣经》的阅读作为背景，在词汇学习中，学生就能清晰地明了为何 scarlet（猩红色）代表的是一种猥亵，为何人的气息会和 clay（泥土）紧密联系。艺术家比只有经验的人更明智，因为艺术家知道原因而只有经验的人不知道原因。只有经验的人对于事物只知其然，而艺术家对于事物则知其所以然。艺术家把这些东西用文字记录下来就成了传承的文学，以文学的阅读为基础的词汇教学能让学生在词汇学习中知其然更知其所以然，达到词汇学习的更高境界。

以欧美文学阅读为基础的词汇教学，因文学所具备的特性而具有自己的优势，要让这些优势发挥出来当然离不开教学模式的设计。不是每个人都能读懂每部文学，也非每个人都有时

间去做这件耗时耗力的事情。这就需要教师在教学设计过程中多花一些精力，选择与学生阅读水平相适应的文学作品并指导其进行阅读。在学生阅读文学并获得一定词汇量的基础上，教师要结合具体实际，设计巩固词汇的习题，指导学生对所学的词汇进行实际应用，并结合传统的词汇教学所搜集的各种诸如词根记忆法、同类词记忆法等策略对词汇进行总结归类，加强学生对词汇的记忆，这样才能达到以欧美文学阅读为基础的词汇教学的最佳学习效果。

四、词汇学习方法及大学英语词汇教学中存在的问题

词汇学习方法包括偶然学习与有意学习、直接法和间接法等。大学英语的词汇教学贯穿学习的每个阶段，在各种测试中词汇都占据着非常重要的地位，在讲课的时候，教师会对一些重要单词进行讲解。这些年来，英语四、六级考试的形式和内容有了一定的变化，但是对词汇的考查始终贯穿考试的整个过程，由此可见词汇的重要性。在英语教学中，教师虽然也很重视词汇，讲解得也很认真，但是由于词汇之间的系统性比较差，文章中单词重复的也比较少，所以学生消化吸收都比较慢，经常会出现刚学会就忘记的情况。对此，教师必须采取相应的手段，改善英语词汇教学，激发学生学习英语词汇的兴趣，培养学生用英语进行交流的能力。

（一）词汇学习方法

1. 偶然学习与有意学习

偶然学习理论认为，词汇的学习可以在其他语言活动过程中附带习得。比如，母语中的词汇就是儿童在阅读和对话交流中习得的。因此，要让学生通过大量的阅读，在不同的语境中

体会词汇的用法，从了解词汇的部分意思到逐步了解词汇的整体意思。有意学习是由教师或学生进行的有设计、有计划、有意图的学习，关注词汇本身、学习策略和记忆策略。偶然词汇学习相比脱离语境的有意词汇学习有很多优势：首先，在语境中学习词汇可以使学生充分了解单词的用法及其意思；其次，可以促使阅读和词汇习得同时进行。

2. 直接法和间接法

直接法认为词汇的获取必须投入专门的学习时间，并有专门的练习加以巩固强化。间接法则与直接法相反，不主张单独进行词汇教学，认为词汇获取必须通过各种语言交际活动和小组活动来进行，类似于偶然学习。目前在我国的英语教学实践中，许多教学过程中是没有设置情境的，学生花很多时间进行孤立的单词用法，强记词汇的用法，往往造成学生缺乏语境的限定。只学习词汇间的区别，不能真正理解不同语境中词汇的含义和用法的变化，造成难以灵活、准确地运用词汇。

（二）当前大学英语词汇教学中存在的主要问题

1. 教师存在的问题

大学英语教师为了能够“有效”地完成词汇教学任务，让学生快速掌握考点和重点，在课堂上往往花大力气讲解词与词之间的区别，而很少将词汇放在一个具有丰富语境的文本中让学生自行体会词汇的使用方法；最多就是举几个典型的例句加以说明，其目的也是突出词汇用法和应对四、六级考试。而且许多例句和练习完全是为了词汇的讲解而牵强附会地“创造”出来的，并不符合英美人士的语言习惯，这样学到的词汇用法也只在练习中有存在价值，而且教师在指导学生习得词汇的过

程中，过多地参与其中，造成“越俎代庖”的现象，使学生被动地学习词汇。

2. 学生存在的问题

学习英语的过程中，学生存在的主要问题是：词汇储备量少、记忆残缺、词汇运用错误。词汇储备量的不足造成学生在阅读中磕磕碰碰、步履维艰的局面，严重干扰了对文章的整体理解。解题变成了瞎蒙，全靠运气得分，造成成绩不稳定或得分率低。学生单词记忆残缺，拼写常出现字句缺漏、顺序颠倒的现象。如典型的拼写错误：destroy 经常被拼写成 destory。词汇运用错误主要体现在词性乱用，同义词不分场合、语境混用，等等。既然存在这些问题，就应当进行问题剖析，以便找出症结，提出解决方案。

（三）当前大学英语词汇教学中存在的问题分析

1. 教师存在的问题

（1）教学方法模式化

有的教师教龄几十年，形成一种习惯的固守和安全的“心理舒适地带”，再加上教学成绩也不错，早已适应了当前的应试教育，自然就不愿意改变原有的教学方法。教师习惯了用语法翻译法、解释法和课堂用母语授课，不适应交际法教学，喜欢凌驾于课堂之上的感觉，搞“一言堂”；认为自己只要认真备课，传授好知识点才能放心。

（2）对新的教学方法持怀疑态度

近年来的一些教学法在全国盛行，然而最后不一定能够成功或者坚持下来，一线教师在进行实践的过程中遇到各种各样的问题，对新的教学方法产生怀疑和不确定，更加坚定了安于现状的心理。再加上英语四、六级应试压力和繁重的教学任务，对词汇教学法的改革持小心谨慎的态度，不敢“越雷池一步”。

2. 学生存在的问题

（1）大班教学导致的问题

每个教学班级都是大班型，导致学生得不到特别的关注。根据马斯洛的心理需求层次理论，学生心理上希望得到关注的需求得不到满足，对英语兴趣索然，平时作业都无法按时完成，更不用说主动学习了。

（2）担心导致学习时间紧张

进入大学，由于时间和欧美文学的难度问题，大部分学生不愿意通过欧美文学阅读来进行词汇的复习巩固。当建议一些英语成绩不理想的学生去图书馆借阅英汉简易对照读物来丰富课外生活、扩大词汇量时，有的学生害怕会挤占其他学科的时间，只能放弃阅读。

（3）学生对英语课的重视程度还有待提高

语言的习得过程需要一段时间，不是一蹴而就、立竿见影的。有时候好不容易积累的语感，不加巩固就稍纵即逝，不能快速见效。

五、文学视角下大学英语词汇教学模式改革

当前在大学英语词汇教学中，许多教师还在沿用传统的词汇教学法。词汇学习已经造成许多学生对英语学习失去了信心，也是让广大教师备感头疼的一大难题。为了优化大学英语词汇教学方法，找到适合学生习得词汇的最佳方案，本节提出在文学名著阅读中进行大学英语词汇教学的应用研究。

（一）文学视角下大学词汇教学以往的经验与教学改革

1. 以往经验

中华人民共和国成立前，大学在文学院下设外文系或英文系，培养了一批文学大师，如林语堂、钱钟书等以及一批优秀教师，如王佐良、许国璋、李赋宁等。王佐良先生曾经建议用文体学这类课程代替传统的精读课。以文学名著为载体进行英语教学早在新中国成立前的一些大学就非常盛行，如北京汇文大学，大学英语就已经使用莎士比亚的经典名著《麦克白》作为英语教材。有的教师甚至节选中国名著《红楼梦》让学生译成英文，或者要求学生翻译中国的唐诗、宋词。这些教学方法为大学的学生奠定了坚实的英文基础，许多学生可以直接使用英文作答数理化试卷，大学的英文基本可以免修。其中最典型的例子就是科学院院士贾兰坡先生，利用大学奠定的英文基础，阅读完整本的英文原著《哺乳动物骨骼入门》，成为中国动物化石研究方面的专家。从前面的阅读词汇教学理论依据以及实践成果来看，大学进行文学名著的学习是极具可能性和有效性的。

2. 教学改革

文学名著作品承载英语语法、单词拼写、词汇意义、习惯用法等语言形式和文化信息。比起那种单纯背默单词、机械练习和功利性阅读，文学名著阅读更能让学生产生强烈的直观认知和深刻的情境记忆。词汇教学离不开以丰富的环境为背景来凸显词汇的意义和用法。如果只依靠课本教材和练习中百字的阅读训练材料，远远不能激发学生的阅读兴趣。在现实教学中，词汇和阅读似乎不相往来，各行其道。学生做阅读题就是为了得分，带着较大的功利性心理，学生关心的是答案，教师关心的是正确率。阅读中不认识的单词，讲授后，再次出现在其他阅读材料中时，还是无法识别。在教学中应该如何结合文学名著阅读进行词汇教学呢?

在学生阅读完名著后，把含有重要词汇的句子甚至段落提取出来，让学生仔细体会词汇的含义和作用。这和平时从课本或者阅读材料中讲解词汇的效果有天壤之别，因为有强大的名著为文本背景，词汇不再是独立的个体，而是像一个无形大网中的一个节点，提起一个角，就能把整张网联系起来。而且学生沉迷于名著中，对学习词汇带着渴望而不是简单的应付了事的心理。可以使用英语释义的方法让学生体会同义词、近义词的区别。抽取名著中的名段进行听音训练，强化记忆，词汇习得自然水到渠成。

（二）文学视角下大学词汇教学模式设计

以《简·爱》为例，介绍文学视角下英语词汇教学模式。

1. 教学目的

（1）为英语词汇教学创造语境

让学生暴露于强大丰富的语境中感受词汇的意义和用法，在不知不觉中习得词汇。

（2）重新培养学生的阅读兴趣

通过《简·爱》扣人心弦的故事情节，干净简练的语言，细致入微的人物内心刻画，一扫以往阅读材料造成的心理阴霾，重新开启学生阅读的想象空间。

（3）扩大巩固学生的词汇储备量

第一部分共 4079 个英文单词，相当于多篇阅读理解题正文部分的词汇总量，该作品虽然有一定量的生词，但相对于整个章节来说，所占的比例较少，而且生词在文本中的复现率高，对阅读的流畅性干扰不大。

（4）提高学生正确使用词汇的综合能力

在阅读中能够体会各种词汇和句型的不同用法，在潜移默化中提高学生的英语综合能力。

（5）证明在文学名著阅读中进行词汇学习是有效可行的

借助于文学名著学习英语词汇有利于学生掌握英语词汇，并理解不同语境中词汇的用法。

2. 教学内容

采用的文学名著阅读材料是《简·爱》中的第一部分“PART ONEA Child at Gateshead ”。《简·爱》的作者夏洛蒂·勃朗特（1816—1855）是英国伟大的小说家之一。她在英格兰北部约克郡的生活虽然狭窄有限，然而其小说充满激情与想象，享誉世界。文本中的生词量不多，而且复现率高，各种词汇用法和语法的功能在文中穿插出现，是学生学习生词的优良教材。小说第一部分介绍简·爱童年时代在舅妈家所受到的不公正的遭遇，很能引起学生的同情。

3. 教学过程

课前准备两份词汇测试卷，测试卷中检测词汇，其中既包含学生学过的单词，也包含生词。课前分发词汇测试卷，让学生完成并收齐。为了使获得的数据有效，要求学生不能借助词典或其他工具，独立完成试题。学生根据自己的英语知识储备和词汇储备进行填写和选择，教师不能提示和参与。

要求学生阅读完文学名著简写本《简·爱》的“PART ONEA Child at Gateshead”，采用默读形式进行。建议学生在阅读过程中，把自己感兴趣的内容和不认识的词汇做上记号，以备以后的交流或提问。

阅读完后，再次分发同一份试卷，同样要求学生完成并收齐。这些生词在文中复现率高，有的重复多次。这些都为生词提供多种语境，学生很容易猜出该词的含义。因此在答题过程中，要求学生凭借刚才阅读中留下的印象进行词汇回顾，而对于一些英语语感弱的学生，允许他们翻阅先前的阅读材料，重新体会生词的意思。

检测学生对词汇和文章的理解程度。让学生找出文章中的一些重点词汇、精彩句子，人物对话或者自己感兴趣的内容，相互交流，一起分享，这样做有利于培养学生对英语的兴趣，产生共鸣，同时也可以检测学生对词汇和文章的理解程度。不同的学生有不同的喜好，比如，擅长语法的学生找出这句话：

Lost in the world of imagination, I forgot my sad, lonely existence for a while, and was happy, I was only afraid that my secret hiding—place might be discovered.

还有学生画出以下部分，认为这段文字读起来非常解气：

Anger was boiling up inside me. I walked up to Mrs Reed and looked straight into her eyes. "I don't deceive people if I told lies, I would say I love you. But I don't , I hate you! I will never call you aunt again as long as I live. If anyone asks how you treated it, I will tell them the truth that you were very cruel to me. People think you are a good woman， but you are lying to them. "

从这些学生挑选出来的语言材料中，也可以间接地反映出学生的英语基础能力和对文章的理解程度。

播放《简·爱》第一部分的MP3，由英美人士进行的名著朗读，让学生在地道的语音中重新感受英语的魅力。同时巩固学生刚

才在阅读中无意习得的词汇和句型，开启多个感觉器官的认知功能，在头脑中形成影像和声音，这样可以使得词汇习得更为有效，记忆更长久。

4. 教学反思与启示

（1）教学反思

把文学名著阅读当成一种活动展开，而不是课堂任务，学生在阅读过程中，没有答题的压力，能够以轻松的心情参与活动。

在阅读过程中，真正实现了学生的主体地位，教师较少干涉学生的活动，仅对一些学生的问题给予帮助，体现了以教师为主导的角色特点，并没有把阅读课上成语法课或者纯粹的词汇教学课，但是得到的词汇习得效果却更好。

当学生了解到阅读的材料是名著小说《简·爱》的时候，开始安静下来，很快就完全投入故事情节中。接下来出现了很少见的现象，下课铃声响后，当宣布可以下课时，学生居然还在继续阅读这部作品，大家都被故事情节给深深吸引了，急于知道接下去等待简·爱的是什么样的命运。

学生积极参与到课堂活动中，整个课堂呈现难得的“百家争鸣”的状况。和以前阅读课情况有很大区别，不像有的学生把阅读后的交流当成避风港，游离于小组讨论外。从这也可以看出学生很愿意接受这种阅读材料和教学方法。

（2）教学启示

本节课文学名著阅读投入的时间还可以增加，学生阅读量还需加大。教师在阅读课中应该遵循以学生为主体，教师为主导的原则。在学生阅读课结束后，语法、词汇的讲解，也仅限于学生的个别要求。如果全堂课再以讲解为主，就会引起学生的反感，收不到预期的效果。要多花时间进行文学阅读选择。选材内容注重适当有效，生词过多、文本不够生动会让学生讨厌阅读，失去再进行下去的兴趣。

第二节 文学视角下的大学英语阅读教学

阅读是大脑获取文章信息的方式，同时也是读者与作者进行思想交流的过程。而文学作品的阅读更是如此，一方面文学是作家心灵世界的真实写照，通常反映的是某一时期客观的社会现实；另一方面文学作品的文字均已经过作者的反复推敲和精心雕琢，是值得细细品味的语言精品。通过阅读文学作品，读者可以了解不同时期、不同地界、不同人物甚至不同自我的思想、历史、政治、文化等信息，这对读者开阔眼界、提升素养以及掌握一门语言有很大帮助。长期以来，英美文学作为了解外族文化和学习英语的最好材料，在大学英语阅读教学中占有一席之地，但受传统英语阅读教学模式制约，教学效果并不理想。

一、文学作品阅读与阅读理解能力

阅读作为一项英语学习的重要技能对英语学习者而言具有极其重要的意义。然而，并不是所有的阅读都有效，此次讨论的阅读是指可理解性的阅读输入，因此这就涉及阅读理解的问题。阅读理解是一个复杂的心理加工过程，是一个积极、主动地建构意义的过程，是学生在接受了阅读材料文字刺激后，结合已有的知识经验，在头脑中想象阅读材料所描写的情景理解细节描写，通过判断、推理等活动揭开文字的意义，获取相关有价值的信息，理解作者所表达的情感和意图并产生情感共鸣的过程。从四、六级英语考试中阅读理解题考查的六种能力来阐述阅读理解能力，即理解主旨和要义、理解文中细节信息、根据上下文推断生词和词义、做出简单判断和推测、理解文章的基本结构、理解作者的意图、观点和态度，而在这六方面的能力中，学生的细节理解能力（理解文中细节信息的能力）和判断推测能力最值得探讨。

（一）阅读理解能力

1. 细节理解能力

细节理解是指学生对阅读材料中的具体细节和信息的解读。文章主旨和中心思想的连释往往需要大量的细节和信息来支撑，学生对这些细节的理解与把握对整个阅读活动顺利进行至关重要。在英语文学作品中，作品中心思想的表达、主人公的形象塑造以及作者观点态度的呈现都需要大量的细节描写来实现，例如环境的污染，人物的神态、语言、动作以及衣着打扮等微小的细节都传递着丰富的信息。学生能否迅速、有效地理解作品中的细节在很大程度上决定了学生能否全面、正确地理解所阅读的文章。另外，正确理解文中的具体细节也是英语四、六级考试阅读理解题所考查的六个方面能力中的一项，在四、六级考试题型设置中，细节理解有时只需要理解文章字面意思即可答题，有时则需要学生经过一系列归纳、概括、推理才能解答。

2. 判断推理能力

判断推理包括判断和推理两部分，是基本的思维形式。判断，即判别、识别，是对事实、现象的肯定或否定的思维过程；推理则是从已知到未知、基于已知条件推导出未知结论的思维过

程。在阅读中，推理是人的一种认知能力，亦即人们根据已有经验对已知事实进行分析、判断，进而推测出相关未知事情的认知过程。通过阅读会发现，作者往往将许多信息暗含于文字之后，这就要求学生能够进行判断和逻辑推理，推测作者未提及之事实并预测事情发生的可能性。推理的作用在于填写作品中不连贯的文本中的空隙。也正是阅读中的判断推理过程赋予了学生“思想漫步”的自由和洒脱，使学生能够融入文学作品的世界中，身体力行地感受、体验作品，同时实现了学生与作者、作品和主人公进行交流和对话，在这样的交流对话中，不再有所谓的“被动的认识者”和学生，学生被赋予了与作者同样的权利，可以参与文本意义的创生，由此，更丰富、更有趣的意义通过学生产生出来。

显然，学生在参与文本意义的阅读理解中，判断和推理过程是其重要环节。在科学技术迅猛发展的今天，人们经历的是“信息涅灭战”，在纷繁复杂的信息面前，能否从中挑选信息并做出有理有据的判断和推测决定了人们能否高效率地学习和工作。根据心理学的理论，人的思维能力可以通过训练和强化得到培养和提高，因此教师在学校教育各科目的教学中都十分重视学生思维能力的培养，英语学科也不例外。

（二）文学作品的特点与细节理解能力和判断推理能力

第一，文学作品的逻辑性。从文学作品的创作过程来说，一部文学作品的生成就是作家以实现生活中的感性材料或原型为基础，进行想象和虚构并采用艺术手段使之艺术化和文学化，其过程始终伴随着强烈的情感活动。这里的想象和虚构并不是漫无章法的随意活动，相反的，这是在作品中心思想指导下的逻辑严谨的有条有理的虚构创作，这也就是文学作品的逻辑性，包括语言的逻辑性和篇章结构的逻辑性。其逻辑性特点为学生利用文学阅读培养判断推理能力提供了可能。

第二，文学作品具有刻画细节的强烈需求，作者创作文学作品就是要表达某一中心思想、反映某一社会现实、传递某种感情、塑造某一人物形象，要实现这一根本目的，作家需要通过描述和刻画大量的具体细节和事件来支撑。正是为了实现这一最终目的，作家在文学作品创作中十分善于刻画细节，这就要求学生在阅读文学作品时，必须抓住文意的具体细节，全面理解文章内容，进而理解作品的中心思想。因此，可以说学生进行英语文学阅读就是在不断地进行细节理解活动，所以长期如此的话，细节理解能力自然得到培养和提高。

第三，文学作品意义的表达具有含蓄性，文学作品的意义往往不是浮现在文字表面，很可能深藏于形象之中，放逸于作品之外，甚至以暗示、隐喻、象征的方式诉诸弦外。文学语言中具有空白结构，美国著名作家海明威首创“冰山原则”，用“漂浮于大洋上的冰山”比喻文学创作，认为文学作品字面所表达的意义就像露在水面上的那八分之一，而隐藏在文字之后的相当于水下的八分之七。因此，学生在进行文学阅读时，必须依据在水面上的八分之一推测出水面之下的八分之七，换言之，文学阅读要求学生对文字已提供的细节信息做出准确理解，并将其作为引子，据此推测出文章未提及的，亦即隐藏于水面之下的八分之七。这也就是阅读理解过程中的判断推理过程，只有进行恰当的判断推理才能揭开放逸于作品之外的含义，才能填补空白结构，才能看到隐藏于水下的八分之七，最终才能

全面地理解文学作品。

文学作品本身的特点要求学生在阅读中不断做出判断推理，换个角度来说就是文学作品阅读给学生提供了大量的判断推理的思维训练机会。那么，在大量的实践训练中，学生的判断推理能力就没有理由不提高了。综上所述，文学作品为学生细节理解能力和判断推理能力的培养提供了物质基础和实践保障。

（三）文学阅读有助于培养学生的细节理解能力和判断推理能力

内隐学习和外显学习是两种基本的认知方式，内隐学习以其无意识性、自动性特点吸引着研究者们的眼球，它是一种不知不觉、悄无声息地发生着的学习活动。无意识地获得刺激环境中的复杂知识的过程就是所谓的内隐学习。因此，从本质上来说，内隐学习是对规则知识的无意识加工。心理学研究者们在大量实证研究基础上归纳出自动性、抽象性、理解性和抗干扰性等标记内隐学习的本质特征。另外，内隐学习是一种自动的、稳定的、抽象的学习，这也是其区别于外显学习之处。另外，外显学习和内隐学习之间又密切关联，二者互为补充、相互作用。内隐学习和外显学习各有优势。在一定条件下，外显学习和内隐学习相结合将取得更好的效果。随着研究的深入和成熟，到 20 世纪 90 年代中后期，研究者们将研究聚焦于这两种学习机制在英语习得过程中的协同作用。英语阅读中确实存在着内隐学习，并且对于知识的吸收掌握和应用以及阅读能力的培养，分析性外显阅读与概括性内隐阅读各具特色，互为补充。这就启示教师，在英语阅读教学中要恰当地处理外显学习和内隐学习的关系，合理地使用这两种学习机制培养学生的阅读理解能力。但是长期以来，我国中学英语阅读教学倾向于关注有意识的外显学习，词汇短语和语言知识点讲解、语法和长句难句的分析仍然是阅读课的主旋律，将阅读教学当成是冷漠的知性分析，而完全忽视无意识、自动化的内隐学习，人为地割裂外显学习与内隐学习的内在联系。

内隐学习理论研究者经实验论证了材料、时间、情境和注意四个因素对内隐学习效果的影响。从材料因素来看，内隐学习的效果受学习材料的难度、复杂度、性质等方面的影响。外显学习适合学习材料难度和复杂度较低时运用，内隐学习则在学习材料较难、复杂度较高时具有优势。就文学阅读来看，文学作品使用的是文学语言，运用丰富的修辞表现手法，而且包含大量的信息，虽具有清晰的逻辑和完整的情节梗概但故事情节较长，前因后果联系性强，往往围绕多条线索行文，相对于段落式阅读来说具有一定的难度和复杂度。而从性质来看，文学作品也倾向于形象思维，语言优美生动。因此，就文学作品性质来说，有利于内隐学习机制发挥作用。从时间因素来看，内隐学习效果受无意识学习时间的长短影响，时间越长内隐学习效果越好。这种随着时间而发展的现象被命名为“内隐学习的长时效应”。

在大学生英语文学阅读中，同样强调阅读时间的积累，鼓励大学生进行广泛而持久的文学阅读，从而保证学生大量、频繁地接触英语语言环境和刺激，这有利于内隐学习长时效应的体现。从情境因素来看，研究证明外显指导会削弱内隐学习，而大学生英语文学阅读教学恰恰关注学生自己的阅读体验，不提倡过多的外显知识的讲解，教师在其中也只是充当组织者和

引导者，能最大限度地提供内隐学习机制作用的空间。结合上述分析可以发现，大学生在持续的英语文学阅读中，内隐学习机制将充分发挥自身优势，帮助学生无意识地、自动地掌握理解细节事实和进行判断推理的思维技巧。

二、欧美文学作品在大学英语阅读教学中的现状

随着国际化交流及国家新课程政策的推进，英语文学阅读在大学英语教学中所占篇幅呈增大趋势。但由于受传统教学模式中长期对英语文学阅读缺乏重视的现象影响，学生和教师均难以招架突如其来的教学改革浪潮。主要体现在传统阅读教学采用“满堂灌”的“填鸭式”教学方式，师生之间很少有互动和交流，而文学作品语言精练难懂，难以激起学生的阅读兴趣；并且在教学内容上教师偏重于语法、词汇的讲解，而对学生阅读方法和技巧方面教授过少，导致学生对文学阅读材料难于掌握和理解；另外，教师往往只注重课内的阅读材料讲授，却很少培养学生的课外拓展阅读习惯，导致学生在英语文学阅读上缺乏积极主动性。因而，有必要采取措施改善英美文学在大学英语阅读教学中的发展困境，以适应现代化英语教育改革的要求。传统大学英语阅读教学中也存在着一些问题。

（一）重老师轻学生

传统的大学英语阅读教学过度强调了老师的主导地位，而忽略了学生主观能动性的发挥。在传统的大学英语阅读教学中大多数老师都会采取满堂灌的教学模式，整堂课下来都是老师在讲，而迫于四、六级考试的压力，学生唯一能做的就是被动忙着做笔记。师生之间严重缺乏互动，老师根本没有起到切实地提高学生阅读能力的作用。这样的填鸭式的课堂只会让学生

感到倦怠，对英语渐渐失去兴趣。所以等到学生一旦通过四、六级考试之后就对英语阅读再也没有了热情。因此很多老师会普遍感到高年级的英语课不好上，老师很难调动学生的学习热情。究其根本原因就是学生主观能动性的发挥长期受到限制，学习兴趣已被扼杀。

（二）重知识轻能力

在传统的大学英语阅读教学中，受语法翻译法和直接法的影响教师过度重视词汇和语法的讲解，忽视了学生阅读技巧和能力的提高，使得阅读教学反而成了词汇教学和语法教学，整个教学过程变得枯燥、无趣。本来让学生应该很享受的一场阅读体验生生变成了单词拼写、词组扩充、句子结构分析、长句拆分等的枯燥无聊的机械学习过程。这样一来，学生的阅读积极性严重受到打击，阅读效率和能力将很难提高。本来新奇有趣的文章也将很难使学生达到“兴奋点”，燃起阅读的热情。所以尽管很多学生词汇量非常大、语法知识掌握的也很牢固，但阅读题出错率却很高，就是因为他们根本不懂得怎样对文章信息进行分析、筛选，理解和归纳，缺少对文章内部和段落之间逻辑关系的了解。一句话，其阅读能力没有得到真正的提高。因此，阅读能力并不是单纯的单词和语法知识的拼接，它需要学生掌握很多的阅读技巧，要懂得怎样对文章进行整体赏析，要对文章内容、语言风格、中心思想、人物特点、写作风格等有一个全面的理解。

（三）重课内轻课外

在传统的英语阅读教学中，老师只重视课堂，在课堂上对阅读材料进行了大量细致的讲解，却忽略了课下学生阅读习惯

的培养。即使有的老师布置了课下的阅读任务但是因为学生对阅读材料没有任何兴趣，收效甚微，以上海交通大学出版社的《应用型大学英语综合教程》为例，每册教材里包含16篇阅读材料。每个学期讲8周左右的时间，也就是说平均每周还不到一篇的阅读量。另外课堂时间有限，每周四个课时180分钟的大学英语课分配给阅读的时间最多只有三分之一，这样一来如果教师仅仅依靠课堂上这16篇阅读材料，每周60分钟的讲解去提高学生的阅读能力，将是一件极其困难的事情。

课内阅读量的不足就要通过课外阅读量来弥补，阅读不能仅仅局限在课堂上，只有把它真正内化成一种学习习惯，才能真正提高学生的阅读能力。

三、欧美文学作品在大学英语阅读教学方法中的探析

（一）结合文化背景，做好课堂教学设计

大学生作为成熟的个体，已经具备一定的认知能力和知识储备，教师应逐步深化教学内容和拓宽知识领域，以促进学生对教学内容的综合理解和运用。这要求教师在备课工作上要多下功夫，确保收集到一些能加深学生理解和激发学生求知欲的教材背景内容，再结合教案对课堂教学的全过程做科学的规划设计，以提高教学质量和学生学习效率。例如，在进行英语某一文学阅读材料讲解之前，教师可以先对材料原文的出处、作者、相关背景及作品等逐一介绍，以充分调动学生的学习积极性，然后再让学生自行阅读。如此一来，学生便能更快速地融入已经铺设好的语言环境，并随着作品给出的情节依次领会，从而使得学生的阅读质量显著提高。

（二）紧扣原文主题，采用文学赏析的方式多角度分析讲解文学作家往往为了让作品的文字更生动形象及富于联想，通常运用修辞等多种手法，使得文章深刻而耐人寻味，但这也在一定程度上加大了学生阅读的难度。且文学作品的体裁多样，既有散文、诗歌，也有小说、戏剧，根据不同的题材表现出不同的作品形式。因而，教师在教学方式上也应呈现多元化，在进行英语文学阅读教学时，应改变以往结构主义的讲解方式，采用赏析式教学的方法，从艺术、哲学、社会等多角度对文章整体的思想内容、写作特点、时代背景等进行讨论和分析。例如，诗歌着重表现意象的朦胧和韵律的优美，所以不能机械地将其逐字逐句分解来做词组扩充、单词拼写或句子构成分析式的讲解，而是要引领学生在体会诗歌所表达意境的基础上，细细品味其诗歌含义和写作技巧。要知道，文学作品是有生命力的，如果仅仅把注意力聚焦在语言形式的学习上，只会错失更高层次的思想碰撞和审美体验。

（三）课后分享阅读心得，并布置课外文学作品阅读

英语阅读中的文学片段多是选自经典文学作品中的精华部分，因而每个学生在阅读和理解了主要内容之后，多少都会有自己的一些见解和体会，但若不将其用语言表述出来，则很容易就被淡忘。然而让学生撰写或相互之间分享阅读心得，不但有助于加深学生对作品的记忆和理解，还能提高学生思考和写作能力。除此之外，教师应趁热打铁，围绕课堂上讲解的文学作品类型和主题，布置一些课外的文学作品拓展阅读，以培养学生良好的自主阅读习惯。例如，在讲解完《老爸》这篇散文后，教师不妨推荐学生阅读其他关于父子或父女亲情的英美文学作品，以提高学生的阅读能力，同时丰富学生的感情世界、培养

学生的人文情怀。

（四）在导入中融入英美文学知识

在大学英语阅读课的教学中在正式讲课文之前教师可以巧妙地运用英美文学知识去导入。比如，对文章作者、创作背景、相关的文学作品及影视作品的介绍等都会激起学生的阅读兴趣，提高学生的阅读速度，充分发挥学生的主观能动性。

以《应用型大学英语综合教程》第二册的第二单元课文《心怀怨恨》（Harboring Feelings）为例，课文讲述了一个从小就有航行全球梦想的男孩，在同学、老师、朋友甚至父母都没有人支持他的梦想的情况下却一直坚持着自己梦想的故事。

在讲解这篇课文时笔者引入《奥巴马回忆录：我父亲的梦想》这本书，因为学生对奥巴马太熟悉不过了，甚至还有人读过这本书，这样一下子就调动了学生的情绪。另外，笔者还引入了 2012 年上映的《少年派的奇幻漂流》这部电影让学生观看了大约 5 分钟的英文介绍。经过对这两部文学影视作品的介绍，关于梦想，关于航海这样一个话题让学生已经变得非常感兴趣了，他们已经迫不及待地想去阅读文章了。又如《应用型大学英语综合教程》第三册的第三单元课文《情书》（The Love Letter），主要讲述了祖孙两代人的爱情故事，在正式讲课文之前，笔者通过《泰坦尼克号》和《傲慢与偏见》这两部影视文学作品导入课文主题爱情。这两部耳熟能详的作品一下子让学生变得非常活跃，学生的“兴奋点”被调动了起来，他们急于想一读为快，这样一来，无论对于学生还是老师这堂阅读课都会变得格外轻松愉悦，学生的阅读能力于无形当中就会得到提高。总之，通过学习导入的方式，不但可以激发学生的阅读兴趣，让学生快乐的阅读，享受阅读，而且还丰富了学生的课外知识和拓宽了阅读视野。所以说适当的文学知识的导入对于英语阅读教学起到了事半功倍的效果。

（五）采用文学赏析的方式讲解

传统的英语阅读教学采用结构主义的教学方法把课文的讲解变成了单词拼写、词组扩充、句子结构分析、长句拆分等枯燥无聊的机械学习过程，使本来一篇优美的文章被拆分的支离破碎，使学生仅停留在学习语言形式的阶段，而难以有更高层次的审美体验。英语习得研究者指出在外语学习中，不能把注意力仅仅聚焦到语言形式上，而是在关注语言的同时，还要关注这种语言形式所表达的思想内容。如果采用文学赏析的方式去讲解阅读材料这些问题将迎刃而解。教师可以引领学生把阅读材料当作一个有生命的整体在课堂上通过讨论、辩论的形式和学生共同探讨文章结构、主题思想、人物特点、写作风格、修辞手段等，找出并分析精彩的句子、段落，挖掘文字背后的深层含义。在这样一个完全由学生主导，老师处于辅助地位的教学过程当中，学生充分发挥了主观能动性。那些生词、重要的语言点、语法结构不用老师去讲，学生已经完全自然的掌握了。与此同时，在文本赏析的过程中，学生的阅读热情已经被充分地调动了起来，求知的欲望也越来越强烈，因此学生的阅读能力就会良性循环，越来越高。更重要的是，学生的心灵也会受到启迪，思想也会受到熏陶，审美能力也得到提高。这样就完全符合了大学英语教学所要达到的“注重学生人文精神培养，启迪学生心灵”的目标。

（六）课外文学作品的布置

上文在讲述传统大学英语阅读教学存在的问题时，笔者提到传统阅读教学重课内轻课外的问题。针对这一问题笔者建议教师可以通过课外文学作品的布置来弥补课内阅读材料的不足。并通过课外的阅读，培养学生自主学习的能力，形成一种阅读习惯于无形当中来提高学生的阅读水平。还是以《应用型大学英语综合教程》为例，本书的第二册第一单元课文题目是《谢谢您带给我们多年来最畅快的欢笑》（*Thanks the Best Laugh We've Had in Years*），主要讲述了美国篮球明星迈克尔·乔丹和美国演员明艾迪·墨菲，由于白人的种族成见，遭到白人歧视的一次经历。经过课堂的一系列文学赏析，学生对种族歧视的问题格外感兴趣甚至意犹未尽。为了满足学生的求知欲望，也为了加深拓宽学生对种族歧视这个社会问题更深层次的了解，笔者在课堂结尾向学生推荐了两本关于黑人遭受白人种族歧视的课外阅读作品《紫色》（*The Purple Color*）和《汤姆叔叔的小屋》（*Uncle Tom's Cabin*），要求学生运用课上的英语阅读方法去赏析作品并以写观后感或课堂讨论的形式及时督促和检查学生课外阅读的完成情况。这样既增加了学生的阅读量，丰富了学生的课外知识，还锻炼了学生自主阅读能力以及写作和口语能力。

第三节　文学视角下的大学英语写作教学

语言学习是英语写作的重要方面之一，写作的一个棘手问题就是如何恰如其分地选择词语，并把这些词语用正确的语法顺序和英文的话语习惯顺畅连接起来，表达作者的思想，以及怎样组织好这些思想。对于中国英语写作教学的现状，基本上可以用“成绩不理想，研究兴高潮”一句话来概括。首先，学界一致认为，当前的英语写作教学是不理想的，对于英语写作的课程教学和课程组织，大家不约而同地用上了“难、很难、头痛、害怕、薄弱、效率低下、兴趣冷淡”等词语加以描述。其次，大学中的一些英语考试项目中写作部分的得分也是人们常常用以警醒世人的数据。一方面是轰轰烈烈的英语学习热潮，另一方面是英语写作教学领域的焦灼与无奈。大量研究证明，阅读在写作能力培养中起着重要作用，通过引入文学教学可以使中国的英语写作教学变得更有效、更轻松。好的文章要求学生加强文学阅读与写作的有机结合。在写作教学中，学生对于引用文学名著原文表示感兴趣。引用原文能增长写作方面的知识，了解思维方式的不同之处。教师认为，引用文学名著到写作课堂，既能让学生接触到原汁原味的英语材料，又能加强学生的语言表达能力，提高写作能力。文学作品为学生提供了生

动的语言表达方式。大学英语教学应增强欧美文学意识，将欧美文学导入英语教学。欧美文学教学与大学英语教学并不矛盾，两者可以相辅相成。加强欧美文学教学，有助于改进我国英语教育，培养高素质人才。

《大学英语课程教学要求》中明确指出了大学英语的教学目标是："培养学生的英语综合应用能力，使他们在今后学习、工作和社会交往中能用英语有效地进行交际，同时增强其自主学习能力，提高综合文化素养，以适应我国社会发展和国际交流的需要。"同时明确强调，"大学英语课程不仅是一门语言基础课程，也是拓展知识、了解世界文化的素质教育课程，兼有工具性和人文性。因此，设计大学英语各门课程时也应当充分考虑对学生的文化素质培养和国际文化知识的传授"。英语教育家胡文仲教授认为，在开展外语教学时，选择优秀的外国文学作品，能够深入、全面、形象地提升学生综合的外语文化素养。大学英语写作教学应有意识地增强学生英美文学意识，将英美文学的精华融入英语写作教学中，适当介绍英美著名作家的经典文学作品，向有能力的学生推荐优秀作品。在课堂教学中采用各种方法，从写作创作的视角介绍名家名作，使学生不仅学习英语语言，也了解英美文学，提高写作能力，更是加深了对英美文化的认识。

一、欧美文学作品在大学英语写作中的重要作用

目前大学生并未意识到欧美文学作品对于写作的积极促进作用，写作水平一直停滞不前。作为高校教育工作者，必须加强对学生的引导，将语言精华在文学作品中的各种表现形式尽可能地表现出来，使学生对欧美文学作品产生兴趣，进而积极

地阅读、分析和讨论，不断增加和巩固英语词汇量、语法知识；通过分析文学作品的语言表达、时代背景、语境等，不断提高学生的社会语言能力。同时大学教育工作者有效地引进策略，实现欧美文学作品阅读与写作的整合，使学生树立英语学习和写作的信心，达到提升学生写作能力的目的。

（一）大学生英语写作的现状分析

在听、说、读、写四项英语技能中，写作仍是大学生尤为薄弱的一个环节。从教学实践中可以发现，大学生英文写作中表现在语言层面上的弱点为：词不达意、句式单一、语篇不衔接等几个方面。其原因主要有两点。一是英语写作教学中存在误区。我国英语写作教学仍把写作知识、写作技巧的传授作为课堂上的主要活动，很少把阅读和写作有机地结合起来进行，也就谈不上从欣赏到创作了。学生一般是为写而写，既缺乏技巧又缺乏创新，写出的文章千篇一律、枯燥无味。二是大学生英语语言学习中存在着误区。不少大学生学习英语很勤奋，厚厚的词典背了几本，而很少去读英文的文学著作或者根本不读任何英语文学著作。有的学生甚至认为，学习英语文学对英语语言的学习用处不大或是根本没用。这就造成了他们只满足于记忆单词的字面意思，而不能深刻领会单词的具体用法和使用环境的局面。因此，在使用英语的时候便按照中文的表达习惯从脑海里的词库中随意抽取并加以组合，全然不顾英语本身的习惯用法和文化背景。

要走出上述误区，在英语写作的教与学中，应重视英语文学对培养语言能力所起的作用，把英语文学巧妙地应用到英语写作中去，做到以读促写。学生通过学习英语文学，不但可以

了解西方文化，培养自身的文化素养，还可以积累大量的语言知识，提高实际运用语言的能力。

（二）大学英语写作能力培养的重要性

在社会行为中，写作具有较强的目的性，有助于大学生更好地发展。目前随着教育改革的不断深入，人们逐渐意识到英语学习的重要性，并在各个大学开展专业学科，以此来促进英语人才的培养。而在教学活动开展过程中，要使得学生熟练掌握外国语，就必须加强学生的语言输出，其中具体的输出手段就包括写作。

国家对于大学英语的写作极为重视。学生在快学完英语写作教材的情况下，需能够依据提示和标题在规定的时间内写出规定的英语短文，并且避免产生语法错误的情况。在大学英语的教学大纲中还对写作提出了具体的要求，即掌握短文写作、篇章布局和段落写作技巧，并逐渐取代模仿范文写作和提示作文等。与此同时，大学生还要依据题材写出相关文章，做到思路清晰、用词恰当、语言通顺和内容充实，潜移默化地提升学生英语表达能力的同时，也培养其写作能力。

写作是对学生听、说、读的检验，具有较强的综合能力，学生要写出优质的文章，就必须具有扎实的语言功底，包括单句、复合句、英语语篇思维能力和词汇，并且学生在就业和步入社会的过程中也不可避免地会用到英语进行交流和填写简历等，只有学生具备高水平的写作能力，才会使得自身的竞争力提升。由此可见，广大的大学教育工作者必须认识到英语写作对大学生的重要性，在课堂中进行针对性训练，这样才能促进学生英语写作能力不断提升。

（三）大学英语写作能力培养过程中英美文学作品发挥的作用

1. 英美文学教学有助于句子的理解和词汇量增加

对于英语写作而言，在长度上具有多种形式，或书，或文章，或新闻，或段落，或句子，但是无论进行何种写作，都必须完全采取英语思维，并对一些大小写、标点、文字等书面符号进行规则性编码，很好地将信息传递出来。这就对写作者的写作能力、语言表达能力、语法和词汇的掌握量提出了具体的要求。而增强语言输入、提高英语练习则是可行有效的手段。在培养写作技能的时候，融入基础知识，如词汇语法等，能够使学生形成英语思维习惯，掌握英语写作方法。

语言能力属于含蓄语言知识的一种，也就是作者的语言知识是决定他写作表达成功与否的关键。并且在写作过程中，作者的思维过程具有复杂性，因此，作者必须充分综合地应用背景知识和语言知识。写作并非口语和书面语的简单转化，而是一种技能的培养和提升。只有在充分获得可理解性语言输入的情况下，才能达成语言习得。这里所指的“可理解性语言输入”即读者听到或者是读到的，并且能够被其充分理解的语言材料。和学生当前的语言知识掌握水平相比，材料的难度会偏高。语法知识和词汇是作者写作过程中不可或缺的组成元素，要想在大脑中快速地查找和反应出词汇，或者是习得生单词，就必须加强学生语境的培养，而培养的具体方法主要来源于语篇、句子和段落。

对于培养大学生写作能力而言，提升学生的文学性语言、语言输入和应用熟练程度具有重要的意义，前者则是重中之重。

这主要是因为文学是语言恰当的表达形式，因此在写作过程中输入文学性语言不可或缺；除了提供大量语篇内容外，还使语言和文学相互结合，并形成互补。同时文学的中心是语言，但又不局限于语言。在写作中，吸收和借鉴欧美文学作品的语言、文化养分，能够使作者的情感更加丰富，语言特征更加突出。

2. 英美文学阅读可增强学生对英语写作的兴趣

杨周翰在《诗歌和语感》一文中说："文学反映社会生活，人与人之间的关系，各种类型的人物和他们的性格、情感、心理、思想，他们的生活环境，生活中各种活动和生活中各种细节，以至于大自然各种现象，内容可以说包罗万象。文学的表达方式方法也是丰富多彩的，各个作家又有不同的风格，争妍竞丽。"英美文学范围广泛，包含许多思想性和艺术性较强的文学作品，这些作品的语言运用充满各种英语语言现象、节奏随内容而变化，充满感情色彩。阅读之后能开阔学生的视野，增长知识，因此可以说文学是语言的艺术，阅读文学作品是了解文化的有效途径，同时优秀的文学作品也能够使学生心灵为之撼动，受到强烈感染，从而促使他们自发地写作，在写作学习中体验快乐，达到良好的写作课学习效果。

经典的文学作品能够帮助教师组织内容丰富、形式多样的课堂教学活动，激发学生参与课堂活动的积极性。如教师在课堂教学中可以根据教材，并结合文学经典作品的节选内容向学生介绍写作的基本原则和方法，使相对枯燥的写作理论灵动起来，充分调动学生的学习欲望和兴趣，便于学生理解和接受写作理论。教师要求学生根据所阅读的文学作品节选进行改编成剧本在课堂上表演、进行优秀作品朗诵或让学生对故事进行预测或概括主题，开展课堂讨论和组织辩论；教师也可以专门为学生阅读欣赏预备相关文学教材；也可以将改编自英美文学作品的原版电影带进课堂，提高学生学习的积极性。总之，教师需要通过多种教学手段和方法使写作课教学内容更加丰富，通过英美文学作品欣赏拓宽学生的知识面，丰富他们的人文知识，增强学生对写作的兴趣。

3. 英美文学阅读有助于提高学生的篇章构筑能力

在语言学研究范畴内，许多应用语言学家将话语分析列为研究对象，文学话语类型成为研究的焦点。对文学话语类型进行研究不但是话语研究的主体内容，也是母语和外语教学的重要内容。伦敦大学应用语言学高级讲师 G. 库克把其研究焦点放在文学语篇分析上。他认为这种分析能力更新和改变人们的思维方式以及感受世界的方式。他的论点包括 20 世纪话语、心理、文学以及篇章模式理论。语言学家们对文学作品的话语感兴趣，不仅是因为文学提高了人们潜在的理解语篇的能力，而且因为文学作品也适用于写作教学。话语学家对文学作品感兴趣，其动机不仅源于文学在整体上增加了潜在的我们理解语篇的能力，而且它也适合写作教学。英语写作是英语各方面语言能力的综合运用。学英语的中国学生往往具有比较完整的语法知识和较大的词汇量，但在写作中却不能充分、恰当地运用这些词汇及其知识。所以，尽管他们想象力丰富，思维也很活跃，但不能地道地表达自己的思想；写出了一些优美的句子，但不知道如何将这些句子连贯起来，如何将一篇文章开好头，收好尾，那么也无法从根本上提高写作能力。可见，如何构思整篇文章也是写作的基本技巧。

英语语篇一般采用“线型结构”，首先概括出中心思想，然后举例具体说明，即用主题句开始，分小点进行展开说明，使主题句逐渐明朗。受汉语思维的影响，学生在写作时往往不能直截了当地提出主题，以至于写出的英语文章结构松散，层次不清晰，前后缺乏照应，汉语表达现象严重。如果一个人置身于一个纯英语的环境当中，或者相对英语化的环境，那么他就可以经常使用英语和周围的人进行交流，从事各种活动。在此期间，他的听力、口语、阅读能力就会增强，在写作中就会逐渐地用英语思维。在大学英语写作教学过程中，教师可以指定一些经典的文章或段落，让学生尽可能多朗读、多背诵。在这个过程中可以增强语感，学会许多地道的表达法，为英语写作打好基础。同时教师可以推荐几篇文学经典作品，让学生通过阅读、分析、评论、反复阅读、论证进而提高学生对篇章的理解能力。教师在写作课堂上可以组织小组讨论，让学生各抒己见，进行辩论，提升分析能力。学生在讨论之前阅读的过程可以培养他们独立分析篇章的能力。对于文学作品中出现的经典的句型结构，应反复模仿，直到熟练，这样在以后的写作中就有可能自由套用，客观上具有英语思维能力。同时精读写作教材中富有思想意义和写作特色的范文，模仿和学习其遣词造句、段落发展和篇章布局。通过赏析文学经典，学生可以从中得到启迪，培养英语思维习惯，理解篇章构筑的内涵，从而为己所用，提高自身的英语写作水平。

4. 英美文学阅读有助于强化学生的英语语言能力

在外语学习过程中，注重四个方面的学习——听、说、读、写。听说是读的前提，读是写的基础。大量阅读优秀英美文学作品可以显著强化学生自身的语言技能，其也可体现出外语的应用效果和学习目的。优美的英语词句将会成为学生们英语词汇累积的有效方式，并可以深入地了解文章的时代背景和作品中所蕴含的作者思想。在阅读英美文学作品的过程中，能够让学生们更有针对性地研究文学语言中存在着的词义比较，遣词造句以及复杂句式的使用，可以从语言方面开拓学生们的语言运用能力。英国著名专家 Littlewoods 认为文学会促进交际目的的达成，并对有限的语句进行创造性的发挥和使用。由于英美文学作品题材广泛，可以有效拓展学生视野。Widows 认为文学阅读不局限于文本活动，而是借助于作品内容搭建起作者与读者沟通的桥梁。W.R.Lee 指出：在文学作品中，语言的各种潜能得到了最充分的发挥，语言得到了最有技巧的运用。

此外，很多优秀的作家为了使自己的文学作品更加生动、引人入胜，还往往采用各种写作手法，尤其是修辞法。以 Mark Twain 的“Running For Governor”（《竞选州长》）为例，作者就运用了多种修辞手法。如：I didn't know a plantain patch from a kangaroo!（夸张）A sweet candidate!（反语）It was incredible，absolutely incredible.（重复）They have been indorsed and reinforced by his own eloquent silence.（矛盾修辞法）实际上，文学不仅仅传达了一种意蕴，而且借助于特定的艺术手段把思想意蕴和语体风格融为一体。语体风格是作家在思想意蕴上的独特体现，是作家的艺术个性。不同的作家作品会有不同的语体风格。这些如能在写作教学中加以结合，既可陶冶学生的情操，又能学习作家在遣词造句、修辞运用等方面匠心独运、矫然不群的功力。因此，大学英语写作课需要结合文学

教学和语言教育，为学生创造更优越的学习环境，从而促进学生语言能力的有效提升。通过阅读文学作品，丰富学生的语言知识，提高他们分析、判断及其灵活运用语言的能力；同时也帮助一些认为英语单词枯燥难记的学生在不知不觉中扩大词汇量，并通过一系列课内外的语言实践活动，锻炼学生的语言表达能力，使他们对英语有更进一步的了解。

“读书破万卷，下笔如有神。”这句话充分道出阅读写作之间的密切关系。优秀的文学作品不仅仅丰富英语写作课的课堂内容，活跃课堂气氛，提升学生灵活运用英语的能力，陶冶学生的情操，更重要的是对提高学生英语写作水平有促进作用。教师要转变传统的写作教学观念，将英美文学作品阅读与英语写作有机地结合起来，把语言知识的传授与语篇结构的分析、写作知识的灌输与写作技能的训练结合起来。通过阅读带动写作，由知识的输入到知识的输出，是提高学生写作能力的有效手段。

二、欧美文学阅读与大学英语写作结合的理论基础

英语学习过程是语言输入和输出的过程，输入是前提，输出是目的。只有将两者有机的结合并使之平衡，才能得到预期的效果。英美文学教学中文学作品阅读与英语写作的有机结合有利于英语语言技能和英美文学素养的同步提高。阅读活动是读者对文本做出反应，即解读文本、创造意义的过程；而调用已有知识、借助自由发挥、建构文本意义本身就是在完成一个写作任务、进行一种写作体验。文学阅读为写作提供必要的素材输入，写作则可以进一步深化读者对文本的理解、完成文本意义的建构，二者相辅相成、紧密联系。

（一）欧美文学阅读与大学英语写作结合的理论基础

反应批评的文本阅读观认为，阅读的焦点是读者的经验结构。费什指出，“阅读是读者的一种活动，是读者所做的事情”。阅读过程就是读者对文本不断做出反应，不断地产生期待，不断地打破期待，不断地得出结论，又不断地推翻结论的动态过程，即读者逐渐形成经验结构的过程。换言之，文本是读者阐释的产物，读者通过阅读与文本发生交互关系，读者对文本的接受表现为读者与文本之间的不断对话，即读者对文本做出的反应。读者反应批评的文本意义观认为，文本的意义取决于读者的反应，而读者的反应取决于“阐释社会”（interpretive communities）。一方面，对某一特定文本，不同读者的反应各不相同，同一读者在不同时间、不同背景下的反应也不尽相同。因此，文本的意义具有多义性和不确定性。另外，不同文化背景的读者属于不同阐释社会；不同阐释社会的读者间存在不同的阐释策略。同一阐释社会的读者拥有“共享阐释策略”（shared interpretive strategies），即某种共有的可用于书写文本和建构文本特征的策略。因此，同一阐释社会的读者由于享有相同的阐释策略，对同一文本的反应总是呈现大致相同的态势，创造文本的意义基本上趋于同一；不同阐释社会的读者由于彼此间存在不同的阐释策略，对同一文本的反应呈现差异态势，产生不同的阐释意义。从本质上讲，文本阅读过程是语言输入过程，文本意义的创造过程是语言输出过程。因此，读者反应批评理论可以被归结为关于语言输入和输出（即文本阅读和写作）相结合的理论：无论是“阅读的焦点是读者的经验结构”的文本阅读观，还是“文本意义源于阐释社会”的文本意义观，都以

读者为中心，读者的活动是文本阅读和文本意义得以实现的关键，也是二者有机结合的体现。

欧美文学阅读和英语写作的结合就是读者反应批评理论在欧美文学教学实践中的运用。欧美文学阅读过程是输入目标语（英语）的过程，即基于克拉申的输入假设理论之上的浸入式学习过程，关注的是英语理解和阐释。学生的经验结构就是在不断地提出问题、追寻答案、抓住主题、理顺思路的阅读体验中得以建构的。以斯温为代表的学者们通过研究发现，侵入式教学对提高第二语言学生的听、读技能效果明显，但在说、写技能的培养和提高方面收效甚微。故此，斯温提出了输出假设理论或可理解性输出理论，认为“输出语言的活动（说 / 写）是英语学习过程的一个组成部分；同时，输出语言与理解语言的过程大不相同”。输出语言的活动对提高语言技能起着举足轻重的作用。作为语言输出的重要渠道之一，英语写作关注的是思想 / 意义的准确表达。输出具有引发注意的功能，也就是说，在输出目标语的过程中，二语学生不得不面对自身的语言问题，不得不为自己的思想 / 意义寻求准确恰当的语言表达。

在欧美文学教学中，鼓励学生把阅读过程中形成的经验结构转化为书面语言，不仅可以完成语言学习从输入经由吸收加工到最终输出的动态循环，也能做到文学阅读与写作的有机结合。这一写作体验以学生的经验结构为背景，以低风险写作为特征，学生可以有目的、无拘束、自由发挥、“率性而为”地进行写作、表达思想。欧美文学阅读和英语写作均为英语语言学习活动的重要组成部分。前者属于输入语言，强调理解和阐释；后者属于输出语言，强调思想、意义的表达。前者是前提和条件，后者是目的和结果。只有具备一定的欧美文学阅读积累，才有可能在英语写作中灵活运用语言，准确表达思想、意义。学习英语的中国学生，一方面，享有共同的华夏文化背景，属于同一阐释社会；另一方面，不同的民族身份决定了他们彼此不同的文化传统，分属于大阐释社会中的小阐释群体。因此，阅读指定的欧美文学作品时，既可能产生基本相同的理解和阐释，也可能伴有一定的解读差异和分歧。结合这一现实可能性，在学习欧美文学作品时，如果学生能够课前完成文本阅读，带着各自对文本的理解和阐释走进课堂，就可以在课堂的交流、讨论中畅所欲言、各抒己见、互通有无，形成对文本意义相对客观的阐释。

现代建构主义认为，学生获取知识不仅需要一个轻松、自然、友好、开放的学习环境，而且需要借助他人的帮助和必要的学习资料。学生进行课前、课外阅读，不仅可以根据自己的情趣自由安排时间，也容易消除集体阅读所带来的焦虑和压力，可以做到天马行空、自由想象，从而轻松地完成大量文学作品的阅读。课内展开集体或分组讨论是语言输出的开始，根据斯温的可理解性输出理论，外语学生在目标语输出（说、写）过程中，会动用全部已有的相关语言知识，努力实现输出语言的准确恰当。而数位学生一起交流讨论（即输出语言），既可以加深对文本的理解、丰富文本意义的创造，也便于发现、指正其他成员语言表达中存在的错误和不足，从而起到互相帮助、共同提高的作用。集体或分组活动的后续收益取决于每个成员交流后的反思，即分析比较不同学生建构的文本意义的差异性、思考解决讨论交流中牵涉的语言问题。输出的反省功能——用

语言来反省他人或自己输出的语言——能够促进第二语言的学习。写作作为语言输出活动的重要组成部分，同样具有反省功能。在借鉴交流讨论成果的基础上，学生再次阅读、重新理解指定文本，通过写作完成文本意义的建构，既可以加深对文本的理解，也可以有效地提高英语写作能力。斯温认为，输出（说、写）是语言学习的主要途径。写作作为一种高级认知活动，提高的最佳办法就是采用一些方法、创造一些条件使语言的输入有效地转化为语言的吸收，并在输入的同时尽可能地进行语言的输出。阅读欧美文学作品无疑是一种有效的语言输入方法，学生进行文本阐释和讨论交流亦是内化、吸收输入的文本信息的极佳途径，而文本意义的最终建构必须表现为语言的输出（即写作）。虽然欧美文学阅读强调读者对文本的理解和阐释，似乎更关照信息、意义，写作活动注重语言输出，侧重词汇使用和语言表述，但是任何意义、信息的传递都必须依赖恰当的语汇和准确的语言。因此，欧美文学阅读中学生对文本的反应不仅需要娴熟的写作技能，更能有效地促进学生写作水平的提高。

（二）大学英语文学教学与写作的关系

1. 词汇

语言学理论认为，所有有关意义的学习都与语境有关，文章是思想的载体，而词汇则是这个载体的基本组成要素，没有一定量的词汇的积累，就无法准确、完整地表达思想。事实上，没有语言就不能传达很多东西，而没有词汇就不能传达任何东西。所以学好一门语言必须掌握一定量的词汇。但是，如果脱离语篇孤立地学习词汇，也只能掌握其表层意义，而不能准确地理解其文化背景下的真正内涵和意义，这对写作能力的提高作用不大。

英语文学作品不但向学生展现了丰富的词汇，还能让学生领会到词汇的丰富内涵，使读者体验到语言带来的美感。读者在欣赏英语文学的过程中会自然而然地习得特定语境下词汇的用法、意义，为准确地使用所积累的词汇做好准备。下面我们来看看文学大师们是怎样运用词汇的。其中最具有代表性的应是语言大师莎士比亚，他的作品中充满了妙语连珠。

例如，How silver—sweet sound lover's tongues by night, like softest music to attending ears!（Romeo and Juliet）

例句中 silver—sweet 把 silver 和 sweet 两个单词组合在一起，头韵的运用形成美妙的音响效果，很容易让读者就感受到 Juliet 的那种轻柔欢快、婉转甜美的有如轻音乐般的嗓音。

除了他之外，很多作家都是语言运用大师。比如，托马斯·哈代，他的语言工整优美、形神兼备。

例如， On a thyme—scented, bird—hatching morning in May, between two and three years after the return from Trantridge—silent reconstructive years for Tess durbeyfield—she left her home for the second time.（ Thomas Hardy, Tess of the Durbervilles）

例句中的 thyme—scented 、bi1d—hatching 二词，结构工整，富有韵律，融有音美、形美、意美之妙，出神入化地描绘出了一个百鸟齐鸣、生机盎然的春天。同时“ thyme—scented ”“ bird—hatching”这两个节奏明快的复合形容词烘托了一种乐观向上、充满希望的气氛，暗示了苔丝经历辛酸后已由一个纯朴的女孩变成了妇人，但她并没有堕落，而是更加成熟，更富于思考，对生活仍然寄托着美好的希望，她一心要离家把噩梦般的过去抛得远远的，

这里暗示了苔丝新的生活的开始。

再如，另一位语言大师，美国作家海明威，他的语言却是朴实无华、清新自然。

例如，The girl stood up and walked to the end of the station. Across, on the other side， were fields of grain and trees along the banks of the Ebro. Faraway, beyond the river, were mountains. The shadow of a cloud moved across the field of grain and she saw the river through the trees.（ Ernest Hemingway, Hills Like White Elephant）

在这段描写中，海明威只用十分常见的动词 stood up walked、moved across、saw 和名词 station、fields、trees、mountains、river 描写出姑娘起身所看到的景象，把一切有碍于景物本身的言辞统统不用，几乎没用什么修饰语和形容词，他让描写的对象自身说话，让读者自己去体会姑娘的心情。

正如上文所述，文学大师们在他们的作品中为我们展示了丰富的词汇和其多样的用法，所以说阅读文学作品是学生积累词汇的最佳途径。

2. 句式

句式是句子的结构方式，不同的句式表达不同的思维和感情。由于汉英思维方式的差异，英语的句子表达方式与汉语的表达方式有很多不同之处。中国学习英语的学生由于受到汉语的负迁移的影响，写出的英语句子或为 chinglish，或句式单一。总之，句子表达不符合英语的思维习惯。学生只有接触大量的英语句式，才能培养英语思维方式，摆脱汉语的干扰，流畅无误地运用英语这种语言。

英语文学是一种语言的艺术，其句式因表达的需要而变化多端。句子结构或是复杂，或是简单，都富有表现力和感染力，体现出英语思维方式。

例如，She was embarrassed to discover that excitement at the proximity of Mr. Clare's breath and eyes, which she had contemned in her companions, was intensified in herself.（Thomas Hardy, Tess of the D' Urbervilles）

此例句是个英语长句。英语的长句特点是能够传达丰富多样的信息，描述纷繁复杂的思维过程和心理活动，表达复杂而富有逻辑的思想，而且英语的长句一般是开门见山，以谓语动词为核心，借助大量反映形式关系的连词、介词、关系代词、关系副词、非谓语动词等进行空间搭架，把各个分句有机地结合起来。以上这个长句还很明显地体现了英语首句中心的特点。作者用 embarrassed 开门见山地表明了苔丝的局促不安，又通过一个 to do 不定式和 that、which 引导的两个不同层次上的从句巧妙地把苔丝兴奋复杂的心理描绘出来。长句的结构复杂，内涵丰富。而英语短句则结构简单，节奏简洁明快，意思清晰明了。一系列的短句也能使文章增添色彩，达到某种令人意想不到的艺术效果。

例如，I moved him, he thought. Maybe this time I can get him over. Pull, hands, he thought. Hold up, legs. Last for me, hands, last for me. You never went. This time I'll pull him over.（Ernest Hemingway, The old Man and the Sea）

此例子中的句子非常简短，却描绘出了老人在和大马林鱼斗了一天一夜后的疲劳感，同时也刻画出了老人的顽强。这种

简洁的外观形式给人造成一种极强的视觉和心理感受。有时，作家为了避免单调感，会交替使用长短句。若长句在前，短句在后，则会形成一种反衬，其表现力更加强烈。无论短句还是长句，都体现了英语直线思维的特点。英语思维的另一个不同于汉语思维的特点是：常把观察或叙述的视点放在行为的结果或承受者上，并以此作为句子的主语。因此，在英语表达中被动语态的使用也相当广泛，这在英语文学作品中也非常多见。

例如， It is a truth universally acknowledged that a single man in possession of a good fortune must be an ant of a wife.（Jane Austen, Pride and Prejudice）

这是《傲慢与偏见》中的第一句话，句子的主语是无生命的 it ，而不是 man。整个句子的重心落在 it is a truth universally acknowledged 这一部分上，然后通过 that 从句和介词短语解释说明了真理的内容。主句的语气庄重，让读者期待着读到一条举世公认的哲理，而从句却是最世俗的事情，大大出乎读者的意料。这样就达到一种幽默与讽刺的效果。

除了上述句式外，从修辞的角度来说，文学作品中还充满了圆周、松散、排比和倒装句等很有表现力的句式。可见，英语文学中的句式是变化多样的。学生从中不仅可以感受到英语思维的独特性，还可以提高自己运用英语的能力。

3. 语篇衔接

Halliday 和 Hasan （1976）在《英语的衔接》（ Cohesion in English ）一书指出，衔接是语篇中的一个成分与对解释该成分起重要作用的其他成分之间的语义关系。衔接的手段分为两大类：一类是语法手段，另一类是词汇手段。每一类又包含若干具体的体现形式，其中语法层体现形式有照应（ reference ）、替代（ substitution ）、省略（ ellipsis ）和连接（ conjunction ）。词汇层的体现形式为词汇衔接。英语文学作品中完美的语篇衔接，促成了整个语篇语境的形成，凸现了篇章主题。

从大学生的习作中可以发现，学生基本上可以掌握语法层面的衔接手段，但在词汇衔接方面较为薄弱。尤其是涉及段与段之间的衔接时，很多时候由于衔接得不够好，而给读者带来理解上的麻烦。所以，下面主要来分析一下文学大师们是怎样运用连接和词汇两种衔接手段的。连接是一种运用连接成分体现语篇不同成分之间具有何种逻辑关系的手段。如使用一些连接词语 and、after、but、then、in that case 等来表明递进、转折、时间、因果等语义关系和逻辑关系。艾米莉在《呼啸山庄》中所运用的连接手段："Then the woman—servant brought a basin of warm water, and washed her feet； and Mr. Linton mixed a tumbler of negus, and Isabella emptied a plateful of cakes into her lap, and Edgar stood gaping at a distance. Afterwards, they dried and combed her beautiful hair, and gave her a pair of enormous slippers, and wheeled her to the fire ……"这一段是 Heathcliff 向女管家描述 Catherine 在画眉山庄被狗咬伤后， Linton 夫妇是如何细心照顾她的。短短的一段文字用了 7 个 and、 1 个 then 和 1 个 afterwards 说明了一种递进的逻辑关系，表现出 Linton 一家人由于 Catherine 的身份对她无微不至地关心照料。更值得我们学习的是文学作品中的词汇衔接手段。词汇衔接是指通过使用重复，同、反义词，上、下义词和相关词以及语篇结构词来实现语篇连贯的方法。再以艾米莉的《呼啸山庄》中的句子为例：

"It would degrade me to marry Heathcliff now; so he shall never know how I love him: and that, not because he's handsomee, Nelly, but because he's more myself than I am. Whatever our souls are made of, his and mine are the same; and Linton's is as different as a moonbeam from lightning, or frost from fire." 在这段话中 more myself 和 the same 有力地说明 Catherine 深知自己和 Heathcliff 有许多共同点，他俩的灵魂是一样的。而 moonbeam/lightning、frost/ fire 这组反义词却形象地表明了她和 Linton 的内心深处是不可能相容的。整段话很清晰地表明她深爱的人是 Heathcliff。尽管以上谈到的是小句之间的衔接，但仍可借用到段落之间的衔接，使自己的文章结构严密、思想内容清晰明确。

三、文学视角下大学英语的写作方法及要点

大学生应具有初步的文学鉴赏能力，能够感受文学形象、英语文学作品的语言和艺术技巧的表现力，初步鉴赏文学作品。实际上，文学课程的目的在于培养学生阅读、欣赏、理解欧美文学原著的能力，掌握文学批评的基本知识和方法。通过阅读和分析欧美文学作品，促进学生语言基本功和人文素质的提高，增强学生对西方文学及文化的了解。欧美文学涉及广泛，不仅给学生以艺术美的享受，而且使他们得到精神的陶冶和思想的启迪。应当说，文学作品就是一个思想的宝库、知识的海洋。很多篇目的立意、内涵，充满了智慧和哲理。有了深厚的文学修养和扎实的文字功底，做到"厚积薄发"，写作才能有底蕴。教学实践表明，大量的阅读和欣赏，不仅能使学生的综合写作能力大为提高，而且也扩大了学生的知识面，积累了写作素材，成为学生在写作中丰富的材料源泉。

（一）当前英语写作教学中存在的主要问题

目前学生英语水平的总体状况是：语法概念基本清楚，有一定的语法基础知识，有一定的词汇量，但对基本词汇的用法掌握得不够，词汇量还有待于进一步巩固和扩大，有相应的阅读能力，但缺乏速度和理解的准确性，听力、口语差，写作更差，究其原因，主要有以下四点。

1. 教学方法存在问题

方法单调是我们英语写作教学中存在的主要问题。长期以来， 在传统的写作教学中， 我们一直采用的是结果教学法（product— focused app roach）。这种教学法的理论基础是行为主义理论（behaviouristic theory），认为教学过程即教师给予刺激（ stimulus）、学生做出反应（response）的过程。这种教学方法把重点放在写作成品上，首先由教师提供范文，进行分析、讲解，其次学生模仿范文进行写作，最后教师进行评改、打分。写作过程都是在教师的完全支配下完成的，毫无自由创作的空间，写作成了机械的输入（input）和输出（output）的过程，枯燥乏味。教师耗费大量时间和精力批改作文，而学生只关心分数的高低，对教师的评语和修改的部分往往不认真阅读，同样的错误在以后的作文中依然会出现。批改中还存在教师注重语言形式，忽视内容和学生对评语理解出现偏差的弊端。这样的教学方法产生的效果远远不具备 Christine S. Alvarado 所述的优秀课堂的特点。因此在英语写作课教学中，根据教和学的实际，积极研究探索写作教学方法显得非常必要。

2. 语言基础不牢固仍是当前英语写作教学的最大障碍

从英语教学实践中，我们感到许多学生都把英语写作视为

畏途，下笔太难，对写作课缺乏兴趣。从写出的东西看，一是学生的语言基本功太差，普遍存在“词不达意”“文法不通，用词错误”“表达不清”“连贯性差”“中式英语”等问题；二是缺少应有的写作基本知识和写作方法。

3. 写作技能较难掌握

在听、说、读、写、译等各种语言技能中，一般认为“听”和“读”是接受性技能，“说”和“写”是表达性技能，后者之间有着本质的区别。“说”是以语音为载体的交际活动，虽然音逝既意尽，但是有时即使说得不完全正确，借助于手势和表情也能进行交际。“写”则不一样，它完全依赖于按一定方式排列的文字符号传递信息。方法不通，用语有误，读者则不能准确地了解作者的意图。可以说，“写”比“说”对语言的正确性提出了更高的要求。因此，具备较强的英语语言基本功是学习用英语写作首先要解决的问题。全国大学英语四、六级考试实施以来，尽管学生的总体英语水平和考试成绩有了明显的提高，但他们的英语写作能力和写作成绩始终处于停滞和徘徊状态。满分 15 分的作文，学生的平均分一直达不到及格标准分，这和教学大纲的要求相距甚远。由此可见，要提高写作教学水平，需要我们付出更大的努力。

4. 缺写作教材，缺课时，缺应有的足够训练

当前大学英语系列教材中没有专门的写作教材，有关内容均分散在精读教材的各课练习中。从教学的实际情况来看，由于没有专门的写作教学课时，写作教学往往无法保证。加之写作教学要跟精读配合，并受应试教学的严重影响，写作教学内容很难做到有步骤、有计划、有系统。由于受教材、课时的限制，

写作练习量太小，且缺乏连续性，学生很难掌握写作要领，因此，让他们自己动手写作时，便束手无策，不知从何下笔。综上所述，大学英语写作教学应依据学生的实际情况，针对不足之处进行改革，开设单独的写作课，通过开设写作课来加强英语教学，既符合语言教学规律，又符合《大学英语教学大纲》的要求。

（二）文学视角下大学英语写作的要点

大学英语文学教学要以课本为本，同时兼顾有目的、有计划地引导学生阅读一些参考书，在文学课教学中注重文学教学，有的放矢地对学生的文学教学能力进行培养。

1. 重视文学教学选择

教师可根据本校的课程资源和学生的需求，帮助学生有选择地进行阅读和鉴赏。一是要读含有哲理、对社会生活有独特见解或有比较强烈的思想内蕴、令人深思的作品，修养身心，提升品位；二是要读有真情实感、对生活有积极健康的感情的文章；三是要读构思有才气、形式有创新的“另类”文章。阅读优秀的文学作品，可以扩大学生对生活的认识，培养他们的辩证唯物主义世界观和人生观，培养他们欣赏文学作品的能力和运用语言的能力。教师根据教材的编排指导学生进行课外阅读时，可以由节选的文章向整部作品延伸，由作家的一篇文章向其他作品延伸，由一个作家向同时期的其他作家延伸，由一篇文章向同类型、同题材的作品延伸……这样学生既能对一部作品、某个作家有比较全面的了解，同时又扩大了知识面，提高了文学修养，更主要的是学生获得了丰富的语言积累。在鉴赏文学作品时，还要引导学生思考，注意把同类文章放在一起进行比较，注意专家的点评，分析各家的长短；还可采用类比、联想、逆向等方式引导学生学习写作，逐渐提高学生的

写作能力。

2. 重视文学教学积累

不会选择，就没有积累，对优秀作品进行阅读和赏析，要启发学生明其旨、获其识、得其法、积其材、聚其艺，从而培养学生的外文阅读能力，为写作能力的培养和提高奠定坚实的基础。教师要引导学生在阅读欣赏中积累词语，积累自己喜欢的成语和格言警句，积累作品中的优美词语、精彩句段，以及在课外阅读和生活中获得的语言材料。要让学生有意识地吸收与消化英美文化中的精粹营养，有意识地接触与理解多元文化，站在对人类命运终极关怀的角度去研读、品味经典作品，去感悟、体味伟大的襟怀与纯真的情感，去领悟、体会深刻的思考与璀璨的智慧，去辨识、认同文化的底蕴与发展的价值。积累语言材料，其实是感性的语言模块的整体储存，它可以看作生活经验材料，也可以看作形象材料，或者思维材料、情感材料，这些材料储存于大脑，将成为学生的终身营养，在一定时期，一旦被激活，就会产生综合效应，极有利于学生学习接受能力和表达能力的整体提高。

3. 重视文学教学能力培养

欣赏活动只在于作品文本和欣赏者之间，只在于它们之间构成的一种双向流动的理解、想象和情感交流行程。读者通过对文学作品的反复阅读，仔细分析，认真研究，理解作者的思想倾向，了解作品反映的社会生活，体味作品中表露的爱憎情感，品评艺术技巧方面的精妙。文学教学活动能使读者潜移默化地受到熏陶和感染，从而提高认识能力，培养审美能力，发展想象能力，加强思维能力，并且能够增强爱国主义意识，陶冶道德情操，发扬开拓精神，形成健全的人格。学生文学教学能力的培养和提高，关键是要引导学生细心、专心地多读，从题目的比较、内容的挖掘、语言的体味等方面多角度、全方位地去“赏”，引导学生赏标题、赏主题、赏语言、赏体裁。

在欣赏中，教师要尽力把作品中的精彩片段、佳句罗列出来，让学生认真地读，好好地体会，进而诱导学生品味佳句、美篇，把作品中的一个标点、一个词语、一个画面、一个句子……都可以当作品味的切入点，同时要引导学生“比”。在比较中品语言的精妙，在比较中感悟语言的魅力。除了指导学生反复阅读、分析研讨以外，还要指导学生多练笔。因为，多练笔能更有效地促进阅读，更能使鉴赏活动落到实处，并且能锻炼文学欣赏、评论的写作能力，可谓“一石三鸟”。所以，加强文学评论的写作，是提高文学教学能力的有效途径之一。文学评论，是对作家、作品和其他文学现象进行评价的文章。学生习作文学评论的重点应当放在对文学作品的评论上。教师要指导学生在充分阅读作品的基础上，恰当运用文学教学的理论常识，重点分析作品在内容或形式上的特点，进而评论作家的创作得失，最后把鉴赏过程和鉴赏所得写成文章。一篇文学评论只有正确地指出作品的认识价值和艺术价值，才称得上是一篇好的文学评论。这种作品除了给人带来愉快，扩大知识领域，提供新的见识，促使积极行动以外，还可便于人们掌握语言的描绘（通过色彩、形状、明暗、场景的描写），思想、结构或语言的宏伟，作品的历史性（对于另一时间的描述）意义以及存在于许多散文和诗歌中的韵律。

（三）文学视角下大学英语写作的方法

1. 占领学校主阵地

学生文学教学和阅读活动的主阵地在学校。作为教师，在日常教学中要结合教材，指导学生阅读课外书的方法，做到“得法于课内，得益乃至成长于课外”“以课内促课外”“以课外补课内”。因此，可以班为单位，成立班级读书会，由外国文学课的教师任读书会会长，带领全班学生开展文学教学和阅读，通过读书会组织各种形式的文学教学和阅读活动，激发学生的学习兴趣。

（1）制定计划

教师负责制定班级读书会每学期的文学教学和阅读活动计划，并及时进行分析与总结，认真做好活动记录。

（2）选定书目

根据学生现状，教师采取推荐或指定等多种途径，与学生一起选定每学期的班级共读书目。选好书后，可以想办法让学生借阅或自行购买一部分共读书籍，以便开展阅读和讨论。如果条件不允许，可以采用小组传阅方式。

（3）激发兴趣

教师要想方设法调动学生参加文学教学和阅读活动的积极性，利用比较生动的场面和场景，激发学生的情绪，引导学生从文学大师那里发现对阅读的痴迷。文学是充满意义的语言，在文学作品中，学生可以充分体会到英语语言所带来的韵律美，欣赏文学作品中所蕴含的幽默，从而进一步陶冶情操，激发阅读的兴趣。

（4）讨论活动

根据选定的共读书籍，结合共读活动的开展情况，每学期在班上进行几次班级读书讨论会。可以组织学生对共读作品进行讨论，也可以利用课外活动进行讨论。

（5）读书报告

撰写鉴赏、文学评论和阅读报告，既可以加深学生对文学作品的理解，又可以训练学生的表达技能，让学生主动参与，去发现、寻找作品的深刻内涵，养成善于思考的习惯，掌握严谨的分析方法，形成正确的表达方式，从而提高学生的英语水平。教师还可以通过鉴赏、文学评论和阅读报告了解学生的阅读状况，借助网络平台，实现师生心灵的互动；同时，培养学生的观察能力和高雅的审美情趣，提高学生的写作能力，适时给予合理的方法指导和建议；也可以通过鉴赏、文学评论和阅读报告的撰写，训练学生的写作能力，教师要加强对学生撰写鉴赏、文学评论和阅读报告的指导，培养学生良好的学习习惯。

2. 抓住重点

提高学生的文学教学和写作能力，除了引导学生多读、多练、多写外，还应当加强对学生写作基本知识的指导，重点注意以下问题。

（1）文学作品是一种独特的艺术形式，为了艺术地反映现实生活，有时往往要突破真人真事的局限性，创造出完整的艺术形象。

（2）根据情节安排人物，可多可少，但要有主次人物和各自的性格特点。

（3）情节无论简单还是复杂，都要有符合生活规律的故事安排。

（4）篇幅可长可短，但必须抓住具有特征性的事物进行描写。

（5）文学作品虽然写人，但也要注意对典型环境的描写，

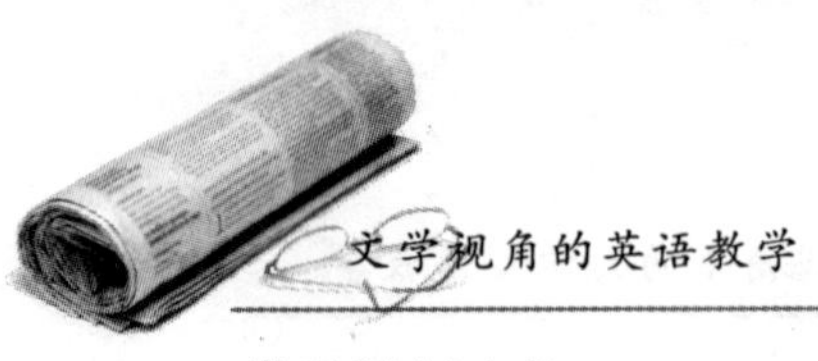

借以衬托人物。

（6）写文章是为了给别人看的，不是为了自我欣赏。因此，写文章就要首先明确这篇文章是给什么人看的，想让他们从中了解什么。对于不同的人、不同的内容，在遣词造句、表现方法上都要有所不同、有所变化。

（7）加强对写作素材诸如各方面的知识、写作技巧、文字能力和表达方法等的积累,对于不断提高自己的文学修养十分重要。

（8）具体写作要妥善安排。对于聚材取事、命题炼意、谋篇布局、定体选法等都要考虑周全。

（9）在行文过程中，应贯通文气，采用多种表达方式。

（10）经过多次修改、润饰，最后定稿。

上面提出的这种方法符合外语学习的规律。即第一，领会式掌握，即指对言语的感知和理解；第二，复用式掌握，即利用以前感知并掌握的语言材料进行表达；第三，活用式掌握，即不必依靠背熟的语言材料而比较自由地创造性地运用所认知和再现的材料进行表述和写作。经过比较可以看出，当写作中的表达技能达到第二层级时，写作技能才算形成，写作教学的目标也才算实现。显而易见，第三层级技能的掌握是以第一和第二层级技能的掌握为前提和基础的。据此，在培养文学教学能力时，应注意读写相结合。

（四）文学视角下大学英语写作的学习模式

文学作品阅读是学好欧美文学的关键，完成一定数量的英文原著阅读是英语专业学生必须完成的课业任务之一。然而，单纯的阅读不仅提不起学生的学习兴趣，对提高学生英语语言技能也收效甚微。如果在学生完成指定文本的阅读后，以集体或分组的形式进行交流讨论，并经过总结、反思，完成建构文本意义的相应写作任务，把欧美文学阅读与英语写作合二为一，就能收到一箭双雕、一石二鸟的效果。换言之，学生以阅读指定文本、参与交流讨论、进行信息反思、创造文本意义为内容的学习模式，实现了欧美文学阅读和英语写作的有机结合，体现了读者反应批评理论对欧美文学教学实践的指导。

1. 阅读指定文本

文本阅读过程是读者阅读经验的时间流动过程；文本意义是读者文本阅读过程中的感受和反应。也就是说，学生的经验结构对文本意义的产生起着关键作用。在欧美文学学习中，学生根据每个教学周的既定阅读计划，合理安排学习时间，反复阅读指定文本，提出问题、解决问题、得出结论又推翻结论的动态过程，就是逐渐形成经验结构、建构文本意义的过程。按照克拉申的输入假设理论，欧美文学作品的阅读过程就是一个输入语言的过程，是为最终的语言输出—写作活动—搜集材料、储备信息的过程。“读书破万卷，下笔如有神”说的就是阅读是写作的基础，文学作品的阅读是高水平写作的前提；写作离不开阅读，文学作品的阅读比其他任何形式的阅读都显得轻松、有趣，更容易积累丰富实用的写作素材，更能激发学生的写作欲望。

2. 参与交流讨论

文本的意义源于阐释社会，源于相同文化传统造就的共享阐释策略。文化传统是决定读者阐释文本、创造意义的根本。中国学生既相同又有差异的民族经历和文化传统，决定了既不能把他们简单地划归为同一阐释社会，也不能将他们划分为截

然不同的阐释社会。他们对同一文学作品的解读既可能存在一定的文化差异，又不可避免地会走向某种认同。在学习欧美文学作品的过程中，学生在有充分阅读准备的前提下，参与集体或小组交流，说出各自的理解和阐释，比较不同成员解读中存在的共识与差异。分析造成差异的语言和文化原因，既是一个依赖阐释策略创造文本意义的过程，也是一个吸收、内化语言信息的过程。交流讨论以输出语言（说）为主要形式，而要输出语言就不得不思考、斟酌乃至犯错。无论表达自己的思想还是指正其他成员的语言错误，都离不开语言的输出——说的行为。说和写是语言输出的两个必需途径，二者之间是相辅相成、互相促进的关系。因此，同学之间的交流讨论不仅能够加深对欧美文学作品的理解，利于建构出相对客观的文本意义，而且还能迫使语言使用者直面语汇、语法问题，力争做到准确恰当地进行口语表达，为下一步的写作做好铺垫。

3. 进行信息反思

既然文本意义是读者对文本的感受和反应，那么读者每阅读一次文本就会产生一次反应，而且后一次反应必定是对前一次反应的反应。学生针对交流讨论中出现的不同理解和阐释，结合已有英语语言知识和所采用的阐释策略，在反复分析、不断比较的基础上，找出之前解读的合理或不合理、可取或不可取的地方，有助于进一步阅读文本、加深理解、建构意义。另外，这一信息反思过程也属于语言输出的范畴，可以促进学生语言技能的提高。反省是输出的功能之一，重审自己或他人的输出语言，既可以发现可能存在的语言问题，也能强化新鲜语汇和典型句式的意义以及用法。总之，在学习欧美文学作品过程中及时对摄入的信息进行反思，不仅可以改变对文本的理解和阐释，还能有效地促进英语语言的学习和掌握。

4. 创造文本意义

文学批评关注的不应当是文本的空间结构，而应当是读者的经验结构，文学批评应当以读者为中心。读者对文本的理解和阐释、文本意义的建构表现为语言输出（主要是写的活动）。读者一旦开始文学作品的阅读，就会对文本不断地做出反应、不断地产生文本意义。在学习欧美文学的过程中，学生阅读作品、阐释意义、写出评价和赏析的过程，既是创造文本意义的过程，又是欧美文学阅读和英语写作有机结合、以读促写的过程。

（五）文学视角下大学英语写作的教学方法

写作是一个复杂、循环、创造的过程，为了更好地实现教学目的，应该积极探索并坚持运用多种教学方法。实践证明，在教学过程中，学生知识的获得，能力的培养，智力的发展，不可能依靠一种教学方法，必须根据教学内容、教学对象、教学条件的不同，把多种教学方法合理组合起来，灵活地运用。心理学研究证明，单一的刺激容易产生疲劳，如果一堂课甚至一个教学阶段只采用一种方法，那么学生就会疲劳；如果采用多种教学方法，就能调动各种感官参与教学活动，提高学生学习的积极性。因此，笔者认为在写作课的教学中应积极采用多种教学方法。

1. 引导法

训练学生的写作方法不少。但教师若对学生所写的东西不加引导，让学生自由发挥，必然写出许多中文式的英文句子来。这不仅不能提高学生的英语水平反而有碍于养成良好的外语学

习习惯。在大学英语写作能力训练基础阶段，教师将要学的写作内容循序渐进地向学生示范，即联系所学教材，引导学生运用所学词汇、句型、语法进行各种句型的替换、转换、组合和改写，主题句的写作以及过渡词的运用，连句成段，段落的开头，展开与结尾，仿写、缩写、扩写、续写等项写作练习。此外，还应加强实用文体的引导与示范。要求学生模拟书信、通知等范文，按规定格式练习实用文体的写作，再由师生共同批改，选登优秀作品，互相观摩学习。在引导示范这一语言信息输入阶段，不仅使学生对写作技巧和语言的准确、丰富、生动、流畅等有完整而全面的直接感性认识，而且能激发学生的兴趣，提高学习效果。

2. 过程教学法

写作过程教学法简而言之，就是把写作过程划分为三大步骤：即写前准备（rehearsing or prewriting）、写作阶段（drafting）和重写阶段（revising）。写前准备亦被称为计划阶段或构思阶段，写作阶段亦被称为写初稿阶段，重写阶段亦被称为修改阶段。写前准备指的是学生落笔之前做的各种准备工作，通常包括打腹稿、阅读各种资料、收集信息、确定写作主题、列提纲等。第一，写前准备阶段的核心是向学生提供多种写作技巧，以帮助他们寻找题材，尽管不同技巧之间存在差别，但它们却具有一个共同的特点：写出不断涌入大脑意识中的所有东西，这将有助于学生回忆起与题目相关的潜伏于意识中的信息。写前阶段的技巧可以使学生放松，帮助他们树立自信心。做写前准备的学生，受到教师的鼓励去开发自己感兴趣的题材。第二，在写前阶段是不允许修改技术性错误的。如果作者一味否定刚刚写到纸上的东西，就会使自己发掘题材的能力受到限制。第三，写前阶段要求学生写出当时浮现于脑海中的所有内容，有可能使学生作不同寻常的联系，这反映出写作是一个不断发现的过程。写作阶段是写作过程的中心阶段，学生将腹稿落笔成文，供人阅读或修改。重写阶段是写作的最后一个阶段，确定主题是否明确，表达是否清楚准确。在此阶段，学生不仅通篇阅读，把握作品的宏观结构，还逐字逐句阅读，进行微观调整。他们会对文章不断地进行扩充、删节，甚至重写。

3. 介绍法

汉语与英语的巨大差别，不仅表现在语言符号上，而且还表现在不同的思维方式、风俗习惯和文化传统上。英语民族的思维模式是线性的，因此在写作中表现为先有一个主题句，然后沿着这一线索发展。以英语文章的段落为例，它大多由三部分组成，主题句、扩展句和结尾句。而汉语民族的思维模式是逻辑型的，强调的是事物的因果关系。因此，适时地介绍背景知识与词源历史，可更广更深地对英语学习起到修正迁移作用，帮助学生重新整合记忆，对英语语言做出迅速而正确的反应，从而学会用真正地道的英语表达自己的思想、情感。

4. 讲授法

讲授法是一种历史悠久的传统教学方法，是教师向学生传授文化科学知识的手段。在写作课教学中，教师应对句子结构，词的使用，选词和造句的基本原则，段落的模式和特征，段落的发展方法，文章的结构和写作步骤等进行详细地讲解，使学生了解文章的谋篇布局，写作手法和技巧。主要内容涉及写作理论、技巧、方法、语言使用规律等。以文章的段落教学为

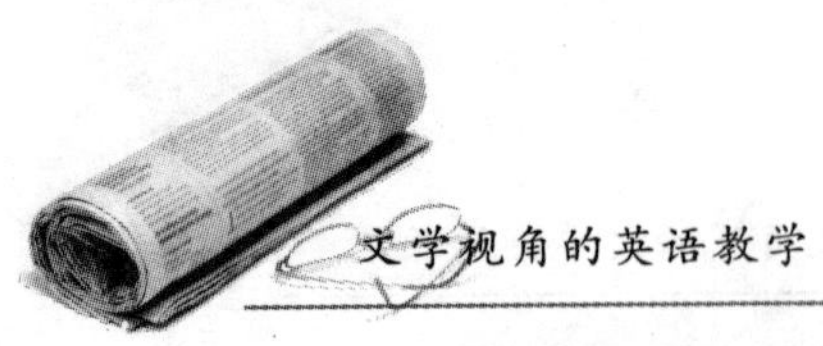

例，从文章的段落模式入手，讲授的重点依次为：（1）主题句（The Topic Sentence）→主题的构成和支配思想→如何写好主题句→主题句的位置。（2）扩展句（Supporting Detail）→清晰翔实→条理清楚→长度适中。（3）结尾句（The Concluding Sentence）→与主题句相呼应或是主题句的再现（Restatement of the Topic Sentence）。教师可以用提问、启发的形式，调动学生的主观能动性，共同对一些问题进行说明和解释，最后由教师予以归纳和补充；也可将已经讲授的内容置于预先设想的情境和语境中，教师只作简单的提示，让学生进行分析、归纳，然后教师再做进一步的讲解，并让学生运用范文的框架，写出自己所要表达的内容。但值得注意的是，在讲解的过程中，教师要尽量侧重于启发、引导学生，给他们创造尽可能多的练习机会。

5. 操练复习法

操练复习法是指在教师的指导下帮助学生巩固所学知识、融会贯通地运用知识，形成技能和技巧的方法。其特点是技能技巧的形成以一定的知识为基础，通过操练复习进行整合提高。在此阶段教师要让学生了解自己的薄弱之处，设计的练习既要量大，又要方式灵活多变，还要使学生有新鲜感，而不是简单的重复知识，还要加快讲授的频率，以免学生产生厌倦情绪。如难度逐步提高的机械性句型转换、替换练习，完成句子练习，模拟写作练习，情景作文，提纲作文，真实交际性语篇作文等。总之，要将写作内容进行各种变换训练，这些练习一定要有趣，并一环扣一环，步步深入，使学生练习一点儿会一点儿，满怀信心地自觉坚持写作练习，达到书面思想表达自如的程度。

6. 教师批阅

教师批阅包括对学生作文的描述、定义、一致性等因素所做的指导，它不但是写作课教学中一个非常重要的环节，而且还是检查和指导写作教学的重要方法，它的成功与否直接关系到学生表达能力和语言质量的提高。在这里要注意的是，从以往的教学经验看，教师所做的反应过多地放在拼写、标点符号、语法、句法和措辞等方面的错误，而忽视了内容。修改后的作文所表达的中心思想和原稿几乎无差别，所以学生感到不能从老师的反馈中得到他们所期望的那种指导，结果往往是事倍功半。为使教师的评估确实达到所期望的结果，教师在评价学生作文时，应遵循以下几个原则（Dixon,1986）。

（1）以读者的身份进行阅读。当教师对学生的作文进行初评时，教师应当和平时进行其他阅读一样，作为读者对文章的表达内容做出反应。如果我们不能读懂，就应考虑一下原因何在。或许这篇文章不是针对我们所写，因而缺乏必要的背景或相关资料。若非如此，就应当为学生标明我们不能读懂的部分，以便帮助他们形成对于读者的敏锐感受力。教师对于不能读懂的部分所做的最佳反馈之一是提出问题，学生根据这些问题对某些部分进行改进。提出问题时，教师切记不要把自己的意图强加给学生，学生写作是为了表达“我（学生）想说的”，而不是“你（教师）让我说的”。

（2）避免标出我们发现的错误。学习受反馈推动的原则已为心理学界所公认。肯定的评价一般会对学生起鼓励作用。通过评价，学生学习上的进步获得教师的承认，心理上获得满足，

从而会强化其学习的积极性。否定的评价往往会使学生产生自我否定，过度的自我否定会使学生对学习失去自信心，产生厌倦感。绝大多数教师一直认为对学生的作文批改越详细，学生越能尽快意识到自己的错误并加以改正。事实上，也许正好相反。如果教师用刺眼的红笔标出所有的错误，也许会使学生感到不知所措、气馁甚至不快。并且，教师对每一个错误的强调会使他们更加强烈地感到自己的弱点，根本起不到预期的作用。失败的教训使我们懂得，重要的不是更正表面的大小错误，而是如何指出错误的类别，让学生明白出错的缘由，并帮助他们避免同类错误的重犯。

（3）授予学生正确的修改观。让学生理解修改不是因为初稿写得不好而进行的惩罚，修改是写作过程中的一个阶段之一。一个有效的做法就是教师本人和学生进行相同题目的写作，让学生了解教师的写作同样要经历修改阶段。这样做还有助于教师了解学生在完成布置的写作任务时会遇到哪些问题，避免我们把写作过程考虑得过于简单。因此，教师在评价学生的作文时，每次只标出两三类错误并集中解决即可，不在此范围之内的错误可暂忽略。但教师在评价本次着力解决的错误时，要区分它们的不同层次，如对于像主题不清晰这样的严重错误要和句子结构方面的错误加以区分并做出评价。同时，教师还要尽可能发现优点，进行表扬和鼓励。按照这一指导思想，就作业评阅进行以下尝试。

①学生互评。在教学过程中，为了发展学生的自我意识，学生的作业除了要接受由教师进行的外部批阅外，还应该组织学生进行自我评价，提高自我评价的能力。把学生分为两人或

三人一组，让他们根据教师分发的问题对同学的作文进行评价，这些问题只涉及作文的内容不涉及形式。比如针对主题是否清楚提出以下两个问题：“作者的观点是什么？”“第一段的中心大意是什么？”针对内容安排是否合理提出以下两个问题：“列出此作文的提纲”，“提纲各项内容是否合乎逻辑？”回答以上问题后让学生为所阅读的作文写出书面评语，然后鼓励学生进行讨论，相互问答并商定修改意见。教师可在各组间进行巡视，但不要过多干预，只对提出问题的学生进行答疑和指导。

②集中错误归类更正。学生作业中的错误常常是五花八门，无奇不有。如果每次什么错误都更正一番，结果是欲速则不达，什么错误都没更正过来，同类错误即使这次更正了，下次作业仍继续出现。为此，应采取打“歼灭战”的方法，每次作业解决一类重点错误，并使错误更正的重点与各阶段的教学进度同步。例如，某阶段讲练的中心内容是句子结构、词的使用、选词和造句的基本原则等，那么语言段落的模式和特征、段落的发展方法、文章的结构和写作步骤等就暂不列入此阶段错误更正的范畴，让学生有时间集中精力去逐步克服自己的错误，从而大大提高错误更正的效率。

第四节　文学视角下的大学英语修辞教学

长期以来，在大学英语教学中一向重视语法和词汇的教学，而修辞教学得不到应有的重视，在某种程度上导致学生在英语理解能力和表达能力方面都比较差。如今，随着大学生英语水平的普遍上升，对课本讲解仅仅局限于“从全篇内容着眼，并对一些常用词和词组的用法进行分析”已满足不了学生对英语知识的渴望。

众所周知，大学英语教学是不设置专门的修辞课程的。因此，将修辞教学融入大学英语精读教学中是十分必要的。教师对课文的讲解应该从理解上升到欣赏的高度，探究和传授一些修辞常识，来向学生展示语言的感染力，进而激发和调动他们对英语学习的情趣和积极性，提高他们的英语欣赏和审美能力。其实，只要教师引导得当，通过分析讲解一些具体实例，稍作点拨便能产生以点带面的效果。

一、大学英语文学教学中的修辞手段

修辞是为了达到文章表达目的与效果而采取的写作和表现手法。它是最有效地运用语言，使语言能很好地表达思想感情的一种艺术。英语中的修辞可以分为消极修辞和积极修辞两大类。

（一）消极修辞

消极修辞，主要指那些没有相对固定格式的修辞性写作技巧。它与语法、语言结构和词汇的关系密切，只是为了修辞和

立意新颖的缘故，对之做了一些调整。如为了增加文采，强化文章的表现力，常常避免重复使用同一个词汇，而另选他词。这种无固定格式可循的消极修辞手段被称为 Elegant Variation（求雅换词）。在 Elizabeth Razzi 写的题为“10 Ways to Lose Pounds”的文章中“减肥”的表达方式竟有八种。

① Try to shed a few extra pounds ?

② Studies show these efforts may shave off the pounds quickly.

③ Here are ten simple strategies that can help melt away your fat forever.

④ ... like a logical way to peel off a few pounds.

⑤ ...roughly the amount needed to burn off one pound.

⑥ You must eat less to lose weight.

⑦ A key obstacle to dropping extra pounds is after—dinner snacking.

⑧ 10 Ways to Lose Pounds.

（二）积极修辞

积极修辞主要指那些有相对固定格式的修辞性写作技巧。常见分类如下。

①词义修辞格。如 metonymy（借代）、metaphor（比喻）、personification（拟人）、irony（反语）、hyperbole（夸张）、understatement（低调）、euphemism（委婉语）、contrast（对照）、oxymoron（矛盾修辞法）、transferred epithet（移就）、pun（双关）、syllepsis（异叙）、zeugma（粘连）、parody（仿拟）、paradox（隽语）。

②结构修辞格。如 repetition（反复）、catch word repetition（联

珠）、chiasmus（回文）、parallelism（平行结构）、antithesis（反对）、rhetoric question（设问）、anticlimax（突降）。

③音韵修辞格。如 alliteration（头韵）、onomatopoeia（拟声）。

二、运用恰当的修辞手段增加语句的亮点

虽然修辞手段主要用于文学写作中，但在大学英语写作教学中，除了加强对学生单词、短语及句子的训练和掌握，也应向学生介绍一些英语常用的文学修辞手段。掌握一些常用的文学修辞手段，会使文章的语句更加生动鲜活，从而增添语句的亮点，为文章增色。由于英语文学修辞手段繁多，有些修辞用法非常复杂，学生不易理解和掌握，因此在大学英语写作教学中，可以尽量先介绍一些常用的并较为容易掌握的修辞手段，由浅入深，循序渐进，由学习鉴赏到体会模仿，再到自如运用。例如，教师可以选择一些具有代表性的英语文学作品让学生欣赏，分析其中某些语句修辞手段的运用，并让学生参与讨论作者使用这种修辞手段的目的及其对文章表现效果的促进作用，让学生对这些修辞手法的运用和功能有更加深刻和清晰的了解和认识，然后再指导学生学习模仿这些文学作品中的修辞手段，进行一些造句练习和情景段落练习，并逐步引导学生写作时运用适当的修辞手段，从而提高学生的英语写作能力，使文章更加生动，更具魅力。

在大学英语写作教学过程中，教师可以对以下常见修辞手段进行介绍和举例讲解，并训练学生学习模仿和运用。这些常见的文学修辞手段包括词义修辞手段中的比喻、拟人、反语、夸张、委婉语、矛盾和结构修辞手段中的对照、重复、倒装、排比等。

（一）写作中词义修辞手段的运用

在英语的文学修辞手段中，词义修辞手段是运用最为广泛的。在大学英语写作教学中，向学生介绍一些基本的、较为常用的词义修辞手段，并有意识地培养他们在平时的写作训练中运用这些修辞手段，对学生写作能力的提高有一定的帮助。

1. 比喻

比喻包括明喻、暗喻和隐喻。其中明喻和暗喻在英语写作中较为常用，也比较容易掌握。明喻是一种最简单、最常见的修辞方法，与汉语的明喻基本相同，即用某一事物或情境来比拟另一个事物或情境。它是对两种具有共同特征的事物或现象进行对比，表明本体和喻体的关系，其本体和喻体均同时出现在句中，在形式上是相对应的，其基本格式是“A 像 B”。英语 simile 中常用的比喻词是 like as、as ... as、as though 等，类似于汉语明喻的比喻词“好像”“仿佛”等等。

下面是一个英语中使用明喻的例子：“ I was as busy as a squirrel those days. ”（那些日子我像松鼠一样忙碌。）英语中另外一种常用的比喻是暗喻（metaphor）。暗喻的特点是利用事物之间的相似之处进行比喻，与明喻的不同之处在于它不使用 like 一词，它兼有汉语隐喻、借喻及拟物的特点，即把甲事物当作乙事物来描写。如 She is shedding crocodile tears.（她在掉鲸鱼眼泪。）

2. 拟人

英语拟人与汉语拟人相同，即赋予物以人的一些言语属性，它是把人类的特点、特性加于外界事物上，使之人格化的修辞格。

这种拟人化的修辞手法读起来使人感到特别形象生动、富有情趣。 如 When I am standing outside, my teeth keep on protesting how it' s so cold.（我站在户外时，牙齿不断地在抗议这寒冷的天气。）牙齿是不会发出动作情绪的，这里运用拟人的手法，表现出天冷的程度，非常形象。

3. 反语

反语就是说反话，其特点是使用与真正意义相反的词，故意正话反说或者反话正说，从对立的角度运用词义来产生特殊的效果，用反话来表达思想、观点、事物等。用反语来表达思想、观点或描绘事物，实际上是一种意重语轻的修辞方式，常常含有讽刺、幽默的意味。比如，"This hard—working young man seldom reads more than half an hour per week. "（这个勤奋的年轻人每周读书很少超过半个小时。）英语中有些使用明喻的习语也是以反语的形式出现的。如" welcome as a storm "（像暴风雨一样受欢迎），实则"不得人心"。

4. 夸张

夸张的特点是为表现事物的特征故意夸大其词。它与汉语的夸张相同，都是为了表达深刻的感受，抒发强烈的感情，而故意夸大事实来给人留下深刻的印象。例如，英语中常用的一句客套语"Thank you a thousand. "（千恩万谢）用的就是这种修辞手法。其他例子还有：What he said made my blood freeze.（他的话让我的血都凝固了。）

5. 委婉语

委婉语是指用温和的、间接的词语代替生硬、粗俗的词语，以免直接说出不愉快的事实冒犯别人或者造成令人窘迫、沮丧的局面。也就是用“转弯抹角”的说法来代替直截了当的话，将原来显得粗鲁、不礼貌或令人尴尬的语言温婉含蓄地表达出来。这和汉语中委婉语的作用是相同的。例如，英语和汉语的写作中对“死亡”（die）的表达都有比较婉转的方式，尽量避免直接出现这个字眼。一般可以用 to fall asleep 、to cease thinking、to pass away 、to go to heaven 、to leave us 代替 to die 。其他的例子还有：用 slim （苗条）替代 skinny （皮包骨）；用 unwise（不明智的）替代 stupid （愚蠢的）。

6. 矛盾

矛盾修辞法是将相互矛盾的概念和判断巧妙地联系在一起，使之相互映衬，突出事物的特点，表达复杂的思想感情和意味深长的哲理。它利用词义表面的相互矛盾使表层的不和谐统一在思想内容的深层，从而揭示事物对立统一的本质特征，以达到加深印象的目的。矛盾修辞手法在汉语中很少见，但在英语中却很常见。如① She said it with her disagreeably pleasant laugh.（说这件事时，她强做笑脸。）② She read the long—awaited letter with a tearful smile.（她带着含泪的微笑读了那封盼望已久的信。）

（二）写作中结构修辞手段的应用

除了在写作中运用词义修辞手段，还可以使用一些结构修辞手段来达到丰富语言形式的目的，使语言更为丰富多彩。在大学英语写作中常用的结构修辞手段有以下几种。

1. 对照

对照是指把意义上对立的词并用，形成鲜明的对比。它巧妙地运用对称的英文句式来表达互为补充的意思，因此恰当地

运用反义词语往往是必不可少的。对照与比喻的区别在于，比喻指出两者的相似之处，而对照则是指出两者的差异性。通过对照能够更加鲜明地说明事物，给人留下深刻的印象，实现语句的亮点。如“ Man proposes， God disposes. ”（谋事在人，成事在天。）句中 man 与 god、 proposes 与 dispose 形成鲜明的对比。

2. 重复

英文一般讲求简洁，在表达强调时，偶尔使用重复，可以使语句的强调内容加以突出。英文的重复又根据被重复词语在语句中的位置分为句首重复、句尾重复、首尾重复等。例如，“New is the time to forget everything in the past. Now is the time to get down to the business. Now is the time to work hard for the future.”(现在是忘掉过去一切的时候了。现在是言归正传的时候了。现在是为未来而奋斗的时候了。）此句为句首重复，重复部分为句首的“ Now is the time to ...”

3. 倒装

这里所说的倒装不同于非修辞性的语法结构倒装。非修辞性的语法结构倒装是语句的语法结构所限定的，没有自由选择的余地，只要运用需要倒装结构的句型就要采用倒装结构。这里所说的倒装是指修辞性语义结构倒装，是进行强调的一种手段，它利用了语句句首（或句尾）的特殊位置。例如，“ Now on coming to us is the new era full of ventures and chances. ”（充满着风险与机遇的新时代正向我们走来。）

4. 排比

在写作中适当使用排比句式，既能使句子整齐而有气势，又不会使人感到单调。例如，“Reading makes us wise while exercises make us strong.”（读书使我们聪明，锻炼使我们强健。）

三、关于英语文学作品中修辞手法的欣赏

（一）比喻修辞手法

英语文学的比喻修辞同中国文学的比喻修辞有异曲同工之妙，它是英语文学中常用的修辞手法之一。比喻的英文为image，其来源于拉丁文，意为“影像”或“映像”。通常是指将两个本质不同的事物以某种形式联系起来，比喻有本体和喻体，本体和喻体有某种程度的关联。比喻修辞的困难在于找到两种事物的相似之处，从而引发读者丰富的想象，达到言有尽而意无穷的表达效果。英语中的比喻修辞有明喻和暗喻，明喻是指本体和喻体之间有相同的特征，英语文学中的明喻随处可见，一般以as if、as thought、like等词作为标志，例如，Life be beautiful like summer flowers and death like autumn leaves.(生如夏花之绚烂，死如秋叶之静美)，泰戈尔的这句诗巧用比喻的修辞技法，把生的希望比作夏天绚丽的花朵，把死的静美比作秋天飘飞的落叶，将生与死的美表现得淋漓尽致。

（二）幽默修辞手法

幽默，顾名思义是指某人的行为、举动或某事引人发笑，但却不失内涵，是一种高层次的智慧思考，幽默与一个国家的文化有着深刻的联系，不同国家对幽默的理解与感受各有不同。要对英语文学的幽默修辞手法进行一番赏析，学习和掌握一定的西方语言文化十分必要，否则就难以对英语文学中出现的幽默修辞有很好的认知，更谈不上高层次的赏析。幽默修辞在英

语文学作品中有多种表现形式，其最常使用的是通过各种不同词格或是以文章最后的意外结局来实现幽默，这与中国文学作品的幽默方式存在一定的差异。词格是指言语主体结合当前语境及自身目的而自觉遵守的语言使用规范。在英语文学作品中使用不同的词格来实现幽默，常指作者不按常理出牌，有意违背正常的语言规范，从而达到另类的表达效果，实现幽默。这种修辞能使文章的内涵更为丰富，引发读者的思考，让读者得到更为愉悦的阅读体验。例如，在英语文学作品《高老头》中，作者要描写葛朗台的极度吝啬，不直接说葛朗台如何吝啬，反而述说他在临死之前如何慷慨，文中出现的 generous(慷慨)即是褒词贬用，用 generous 进行反讽，以此来表达作者真正的意图。通过改变词格的方式实现幽默，使文章的讽刺力度更大，读者的阅读体验进一步加强。

以文章的意外结局来实现幽默，是一种类似电影里特定镜头的修辞方式。有些英语文学作品，从开始到文章的中后部分都采用平铺直叙的方式进行，即便里面穿插一些幽默的修辞手法也较为常规，读者在阅读过程中不会感到太过意外，以至于在文章最后出现一个意外的结局让读者猝不及防，这个时候读者才若有所思，文章的前面叙述就如同暴风雨前的平静，真正的高潮在文章的最末，结局处掀起一股浪潮，让读者赞叹惊讶不已。

（三）矛盾修辞手法

矛盾修辞手法是通过两个不协调甚至完全相反的词汇来描述所要表达的事物。矛盾修辞法要求体现事物内在的矛盾及复杂性，从而引发读者的思考。英语谚语中常用矛盾修辞手法来一语道破生活复杂的学问，如“more hate，less speed.”（欲速则不达），用 more 和 less 这一对反义词来表达过犹不及的含义，让读者更深刻地感受到在处理事情的时候一定要把握好度，不冒进，以平和的心态来面对一切。矛盾的修辞手法能使文学作品的表现力与感染力得到增强，通过事物内部矛盾的鲜明对比，让读者在感官上得到刺激，在审美上得到愉悦，如 I find no peace，and all my war is done.（我没有找到和平，而我已进行了一切斗争）中利用 peace 和 War 这一对反义词表达了对和平的渴求，以及所进行的斗争，语言十分富有表现力和感染力。又如 I fly above the wind，yet I can not arise（我飞翔在风的上面，却不能再升腾），用鲜明的对比，描绘出渴望突破的心情，语言内涵丰富且画面感十足。由矛盾修辞的内涵可知，既然涉及事物的矛盾双方，文中不可避免会出现鲜明的对比，而这种鲜明的对比能够将事物的冲突与矛盾更生动形象地表现出来，甚至于能达到一种诙谐、幽默的表达效果。例如，英国诗人 Alfred Tennyson 的一句诗：His honored in dishonor stood. And faith unfaithful kept him falsely true.（他有蒙羞的名声，而不忠实的信仰使他虚伪地真实），诗人以用 dishonor / honor 和 faith / unfaithful 两组对比鲜明的词彼此修饰，使事物之间的矛盾更加清楚地呈现出来，“他的真实是虚伪的”这种矛盾修辞所达到的表达效果，会在读者的头脑中刮起一股龙卷风，引发读者深层的思考，促进读者与作者的情感共鸣。

英语文学的世界绚丽多彩，英语文学作品中，各种修辞手法的运用是艺术表现的重要手法，也是作者思想智慧的结晶。本书仅就英语文学作品中常用的比喻、幽默及矛盾的修辞手法

进行了相关的赏析，这些修辞手法的目的虽有所区别，但就其使用而言，其主要的目的是相同的，都是为了增强文学作品的表现力，让英语语言文学如同其他瑰丽的自然遗产一样，在世界文学之林绽放光芒。

第五章
英美文学研究

近年来，随着我国科技的发展和经济的进步，我国的教育行业也得到了飞速的发展。当代社会需要大量高素质的人才，社会对于人才的要求，不仅需要具备非常精湛的专业知识，而且对于道德修养和文化素质也有较高的要求。现今社会对于英语的要求越来越高，对于高校毕业生来说，对外国文学教学与研究也有越来越高的要求。随着我国成功加入世界贸易组织，英语变得越来越重要，不仅要培养专业水平高的英语人才，同时要求这些人才的文化修养和道德素质也要达到较高要求。英语文学原著为学习者提供了广阔且生动的英语语言环境，英语学习者在其中可以接触各种各样的人物，领略异国风物景象，认识英语文化符号，为进一步的语言或文化学习奠定基础；而林林总总的各类专业原版书籍则更能满足相关专业学习者的专业需求，高校往往针对学生开设英语文学课程，以便掌握相关专业的术语词汇和英文表达方式，原版专业书籍正是这些专业英语教材的延伸和补充，为学者提供了广阔的拓展空间。而对于英语文学的研究，则有助于教师进行英语文学的教学，同时有助于学生对英语文学的理解和掌握。

第一节 英美文学研究的历程与拓展

外国文学研究从很大程度上说是一种跨文化的文学阅读活动。讨论文学阅读，不能不谈阅读者的视角问题。读者反应理论告诉我们，文学阅读的过程中不存在读者反应理论所提出的绝对理想读者（ideal reader），而在实际的文本阅读中脱离具体阅读者视角的纯粹阅读过程永远是一种可望而不可即的虚拟现实。20 世纪 60 年代兴起的女权主义批评和美国黑人诗学在 20 世纪的西方文论中首次从女性和受压迫的美国黑人这两个迥异于传统白人男性的阅读视角获得的巨大理论空间部分地说明了这一点，那么，继他们之后的后殖民主义理论、少数民族话语和性别研究又从前殖民地国家读者、少数民族读者和同性恋读者的阅读视角向人们更加深刻地展示了一种崭新的阅读视角，能为传统文学研究拓展出巨大的空间。有人认为，西方文论在近 20 年中的发展现状充分展示了文学阅读视角的丰富的政治内涵。在当今的西方文论界，后殖民主义理论是较早把跨文化情境中的阅读政治作为自己的研究对象的批评理论。

作为一种理论思潮，后殖民主义开始于 20 世纪 70 年代末。它从斯本格勒的《西方的没落》中获得思想灵感，从德里达的解构主义找到了解构的阅读方法，从富轲的历史话语分析中获得了对于文本政治和话语权利的认识，从巴赫金的对话哲学中

找到了理论支持，在所有这些激进理论的综合中，后殖民主义建构起一种挑战中心，解构帝国话语并揭穿殖民神话的颠覆性反话语，这种反话语的核心内容之一就是立足于前被殖民国家，对历经几个世纪的西方殖民过程进行考察，以生活在殖民帝国的边缘者的全新阅读视角重读和解构几百年来从帝国立场出发编织的殖民话语，从中寻求启动民族的精神和文化的非殖民化进程。

后殖民主义理论于90年代初传入中国，我国外国文学评论界先后对这一理论发展的来龙去脉做过一些介绍。应该说，在这些介绍中不乏一言中的精当评论，但也有一些评论难称公允。关于这一点，北京学者丰林在其《后殖民主义及其在中国的反响》一文中做过比较详尽的分析和论证，丰林认为我国在对后殖民主义理论的接受过程中可能存在着动机上的问题，因此他从根本上怀疑我国评论界对后殖民主义理论的理解的正确性。

从丰林一文不难看出，后殖民主义作为一种理论思潮自首次传入中国以后在我国的评论界还是产生了不少影响，但是，我国的外国文学界对于后殖民理论作为一种独特的跨文化阅读视角的理论和实际意义的认识还存在着明显的不足，这一点从1994年我国外国文学评论界围绕“外国文学研究方向和方法”展开的一场大辩论中不难看出。在那场历时数月的辩论中，四川学者易丹的一篇关于我国外国文学研究领域存在某种殖民困境的议论受到来自多方的激烈批驳。从那场辩论的整体情形来看，笔者认为，我国不少的外国文学评论家对我国在接受传统西方列强文学过程中所采用的阅读视角既缺乏自觉的反省意识，更缺乏直面我国外国文学研究中存在的阅读视角问题的勇气，对他们中的不少人来说，后殖民主义关于跨文化阅读中的阅读者文化立场问题的理论发现尚未深入人心。

外国文学究竟应该怎么读？我国的外国文学研究应向何处去？1994 年的那场大辩论之后，这两个缠绕我国外国文学研究的问题并没有得到根本的解决。对于这两个基本问题，我国的外国文学批评家们仍然莫衷一是。本书无意对我国外国文学批评界当前存在的各种观点进行一一重述，笔者只想透过后殖民主义这一理论视角，通过对我国自 19 世纪以来阅读和接受外国文学，尤其是前西方列强文学过程中的视角变化历史的简要回顾和考察，揭示我国在对前西方列强文学中的英语文学的接受中因接受者缺乏一种适当的阅读视角和文化立场给我们带来的负面影响。

自鸦片战争以来，我国译介和研究英语文学已有 100 多年的历史。早期少数中国学人阅读英语文学（主要是汉译的英国文学）大致是出于对强大的西方国家文化的好奇，19 世纪末 20 世纪初，内忧外患中的中国文人对于西方殖民帝国的单纯好奇变成一种为振兴羸弱的民族文化而有意识学习西方文化行动的一部分，阅读英语文学的中国读者除了为满足好奇情绪之外更多的是为了从一个强大的民族文学中汲取灵感获取勇气。邹振环在《影响中国近代社会的一百种译作》一书中记载，世纪转折中的中国知识界在阅读笛福的《鲁滨孙漂流记》、拜伦的《哀希腊》和司各特的《撒克逊劫后英雄略》时把这些作品中所描写的异域民族斗争的经验引为激励自我的振奋剂，国力衰微、饱受欺凌的中国国人在这一类英语文学中重新找到了一点儿振作的感觉。五四前后，国运衰微、民族存亡难料，我国学术界

在阅读外国文学，尤其是西方列强文学的问题上出现了严重的分歧，集中反映这种分歧是发生在这一时期的一次围绕外国文学在中国的翻译介绍问题的辩论，代表这次辩论不同立场的双方是著名作家鲁迅和林语堂。以林语堂为代表的中国学者认为，译介外国文学应首先关注英美等西方大国的作家作品，而不应在一些小国的文学上浪费时间和精力；代表辩论另一方的鲁迅对此观点极为不满，他认为，中国学界中的有些人在阅读、译介和研究外国文学的过程中存在着一种混淆政治影响力与文学成就的倾向，针对林语堂的那种在阅读外国文学时自动认同西方列强文学，而对弱小民族文学不屑一顾的态度，他非常尖刻地指出，“诚然，‘英美法德’，在中国有宣教师，在中国现有或曾有租界，几处有驻军，几处有军舰，商人多，用西崽也多，至于使一般人仅知有—‘大英’‘花旗’‘法兰西’‘茄门’，而不知世界上还有波兰和捷克。但世界文学史，是用了文学的眼睛看，而不用势利的眼睛看的，所以文学无须用金钱和枪炮作掩护，波兰、捷克，虽然未曾加入八国联军来打过北京，那文学却在，不过，有一些人，并未闻名而已”。

从历史的角度来看，鲁迅和林语堂关于用怎样的眼光或视角去阅读和介绍外国文学，尤其是西方列强文学的争论发生在20世纪初并非偶然，从某种意义上说，这一争论反映了一个弱小文化在接受西方强势文化过程中的某一历史阶段必然经历的一种复杂而矛盾的心态。值得注意的是，中国学人的这种矛盾心态在过去的一个世纪里好像再也没有离开过我们，只不过在鲁迅和林语堂之后，曾经共时存在的两种态度在20世纪40年代以后变成了一种历史的存在。从1949年到1979年，随着新中国成立后我国知识界民族主义情绪的高涨，加之意识形态的直接干预，我国对于英美等西方列强文学进行了有意地回避和疏远，在这期间，外国文学研究集中于第三世界以及其他社会主义国家。80年代，国门重新开放，中国对于西方的门再次打开，西方各列强文学如潮水一般涌入，并一举占领我国外国文学研究的核心阵地。90年代，中国的发展进入快车道，随着国力日益强盛，对于自己的民族和国家，中国人民有了一份自信，在这种背景之下，一批学者开始对曾经在80年代盲目地接受和传播西方大国文化的做法进行了反思和批判。在新的民族主义情绪影响下，有人提出要在学术界建立自己的民族话语，以期在文化领域同西方强国展开新的对抗。后殖民主义理论告诉我们，处于被殖民情境中的弱势文化在面对强势文化的时候会经常不自觉地陷入文化身份上的两难困境，从某种意义上说，曾经遭受西方凌辱的中国在它20世纪对待西方列强文学的态度和接受方法上忽左忽右的矛盾心态多少反映了我们的这种两难和不安。在过去一个世纪中，由于缺乏一种相对平和的心态和稳定的阅读视角，我国对西方文学的接受表现得断断续续、反反复复，对于西方文学的认识也常常不够全面，判断也难以公允。由于憎恨帝国主义列强的读者对于西方文学常常不予理睬，自然就谈不上全面公正地阅读和评价西方文学，而放下政治、历史和意识形态上的矛盾，盲目接受西方文学传统似乎又存在着不假思索、自动甚至奴性地认同大国列强文学的问题，我们只需要看看英语文学在我国的研究和传播现状，就不难看出后一种阅读和接受西方文学的态度给我国的西方文学接受造成的严重负面影响。所谓英语文学，顾名思义，就是用英语创作的文

学。在17世纪以前，英语文学是严格局限于英国的，近几个世纪，由于英语随着英帝国的殖民扩张在世界范围内的广泛传播，因此，以英语创作的文学在英国以外的许多前殖民地国家得到发展，到20世纪，那些在帝国边缘上产生的英语文学成了传统英国文学的强有力的延伸。在当今的西方文学批评界，英语文学一般被用来指称整个英语世界（主要是英联邦国家）的文学，然而，由于历史的原因，英语文学在中国向来被看作是等同于英国或英美两国文学的，时至今日，这种情形并无明显的改变。

我国的外国文学研究界在阅读、接受和研究被等同于全部英语文学的英美文学的过程中至少有两种倾向值得注意。一方面，我国的英美文学研究在相当长的一段时间内将注意力集中在一个有限而不变的经典之上，对属于这一经典内的作家作品和文学流派不厌其烦地反复解说、津津乐道，而对处于经典以外的作家作品往往不求甚解。另一方面，与英美文学研究的有限范围相对比，我国对英美两国文学的翻译介绍表现得非常宽容。我国的翻译出版界似乎早已达成共识，即来自英美两国的一切文学作品在中国都会找到读者，所以在如今的翻译文学市场上各种各样的英美文学作品比比皆是，汗牛充栋。人们注意到，在我国的文学出版社，要出版一部英美以外的翻译英语文学作品极为困难，而一部译自英美作家的文学作品在寻求出版时要容易得多。

出现在我国英美文学研究和翻译中的两种倾向表面一收一放、一紧一松看似两个极端，实则同出一源，我们一方面在研究中借用英美文学批评家历史情境中的传统文学经典说尽对这两国文学中的一些名家名作的褒誉之词；另一方面，我们通过自由出版来自英美的一切文学在行动上表达我们对它们常怀的崇敬。这两种倾向同时存在，从某种意义上反映了我国英语文学界对英美两个西方大国文学依然存在着一种一如既往的认同，这种认同从我国被殖民的历史胚胎中形成，但在经历了近一个多世纪之后依然不减，它说明，我国外国文学评论界在面对前列强文学时仍然受着一种曾令鲁迅先生感到担忧的殖民心态的影响，这种心态从很大程度上禁锢了许多人的思维，使他们在英美文学面前失去了独立的判断力，丧失了自己的批评视角，忘却了我们阅读和研究外国文学的本意，直至在不知不觉中渐渐沦为了西方列强文学的传播者。

以一种全面认同的眼光来看待英美两国文学，英美两国文学的传统由来已久，其伟大也从来如此。以这种眼光看来，英美文学传统经典建立在一个纯美学和超历史的评判之上，不容置疑。但是，专门研究文学经典形成的当代西方理论家告诉我们，任何一个文学经典都是一个掌握着大量复制、印刷和传播手段的社会实体和组织在具体的历史情境中逐渐建立起来的。

英美两国文学发展的历史表明，这两个英语文学传统形成过程中经典的确立远不如有些人想象的那样单纯。在历史的层面上，人们不难看出，英美两国文学在当今世界文学中的显赫地位是由许多文学以外的因素共同撮合而成的，那种认为英美文学从来就伟大无比的想法是不符合事实的，那种认为英美文学的伟大传统是经过某个放之四海而皆准的纯文学标准衡量和证明过了的想法恐怕更是一些人不顾史实、一厢情愿地编造出来的神话。

在我国的外国文学界，以无条件认同的目光去阅读西方大

国文学已使许多人在不知不觉中形成了一种思维定式，在这种思维定式的影响下，他们对于世界英语文学的兴趣严格地局限于英美两国的文学。

众所周知，20世纪的世界英语文学获得了长足的发展。这种发展最重要的标志之一无疑是它从一个单一的英美文学传统逐步走向多元。20世纪英语文学的多元拓展首先从英美两国文学内部开始，它表现为两个国别文学分别从单纯本土的盎格罗撒克逊传统向多元局面共存的转变。我们知道，传统的英国文学主要建立在本土作家和本土文学基础之上，然而从19世纪末20世纪初开始，英国文学中开始出现外来作家的声音，先是来自波兰的Joseph Conrad和来自爱尔兰的James Joyce，继而是来自美国的Henry James和T.S.Eliot，来自南非的Doris Lessing和新西兰的Katherine Mansfield。二战以后，捷克的Tom Stoppard、澳大利亚的Christina Stead以及新西兰的Fay Weldon亦相继加入英国文坛，并成为英国文学的中坚力量。美国文学也始于一个相对单纯的盎格罗撒克逊传统，这一传统的源头是由Ralph Waldo Enerson，Walt Whitman和Mark Twain三个白人作家组成的19世纪美国文学的三驾马车。从20世纪20年代开始，以Langston Hughes、Toni Morrison为代表的一大批黑人诗人和小说家以其杰出的文学成就先后赢得批评界的广泛注意。此外，美国文学中还出现了一个庞大的爱尔兰和犹太作家群，这个作家群中的许多人在美国文坛一举成名，并成为新的美国主流文学的核心人物。爱尔兰裔小说家F.S.Fitzgerald被誉为整个一个时代的代言人，爱尔兰裔剧作家Eugene O.Neill被奉为美国最伟大的现代悲剧大师，著名犹太裔小说家Saul Bellow、

I.B.Singer、Joseph Brodsky 和 J.D.Salinger 先后因其在小说上的成就问鼎诺贝尔文学奖，成为美国文学中的一代宗师。70 年代以后，美国文学中的多元局面随着又一大批亚洲裔、墨西哥裔、加勒比海裔作家的到来得到了进一步的发展。

我国学者瞿世镜等在其《当代英国小说》一书中把出现在英国文学中的这种情形描述为一种“喧宾夺主”。对英美两国文学来说，正是这种“喧宾夺主”的现象形成的多元格局给它们在 20 世纪的发展带来了新的生机。

从世界范围来看，20 世纪英语文学在其发展过程中出现了另外一种“喧宾夺主”的现象。二战前后，在美国以外的许多前英殖民地国家里，先后培育起了各自的民族英语文学。由于这些后殖民民族英语文学的广泛兴起，传统英语文学的范围受到了极大的挑战。50 年代以后，在英美两国文学之外，来自澳大利亚、加拿大、新西兰、加勒比海诸国、尼日利亚以及南非等国的后殖民英语文学在世界英语文学中纷纷登台亮相。在近半个世纪的时间里，这些新兴的英语文学在民族主义的旗帜下造就了一大批杰出的作家，同时也推出了一大批令世人瞩目的英语文学作品。在艺术上，新兴的民族英语文学并不一味效仿英美两国传统，它们从各自独特的文化土壤中汲取养分。此外，虽然它们彼此之间同用着英语这门语言作文字媒体，但他们分别从各自特殊的民族立场出发去观察和反映生活。

新兴后殖民英语文学的崛起极大地丰富了传统的世界英语文学，它们的出现也因此受到了世界英语文学批评界的广泛关注。著名英语文学批评家 Bruce King 在他的《世界英语文学》一书中明确地指出，在当今的世界英语文学中，最优秀的英语

文学作品不一定来自英美，最优秀的英语作家常常来自英美以外的前英殖民地国家。的确，从60年代以后，英语世界中最伟大的文学作品经常出自某个澳大利亚、加拿大、新西兰、加勒比海诸国、尼日利亚或者南非的作家之手。英国权威的布克图书奖自1971年首次被来自加勒比海岛国的作家V.S.Naipaul夺走之后，来自澳大利亚、新西兰、南非、尼日利亚以及印度等国的作家又先后多次从英美作家手中夺走此项大奖。在近30年的诺贝尔文学奖角逐中，英美以外的英语作家所取得的成绩与英美两国作家相比可谓平分秋色。面对新兴英语文学的这样一些成就，英国评论家皮考·伊尔在一篇题为“英帝国的反击”的文章中写道，当代世界文学的一个突出现象是，来自前英殖民地的英语作家正以旺盛的精力向以盎格罗撒克逊英语文学为核心的英美文学传统展开反击，并以其令人信服的艺术成就日益成为英语文学的中心。

后殖民英语文学的蓬勃发展从一定程度上得益于美国文学的巨大感召，此外，这种发展与20世纪新兴的种种哲学思潮的发展合上了节拍。在20世纪众多的西方哲学思潮中，兴起于60年代的解构主义以其强烈要求解构中心权威的响亮呼声对后殖民英语文学的发展提供了重要的理论支持。作为一种富于批判精神的哲学思想，解构主义理论在当代西方的出现从一开始便针对着一系列依附于西方传统形而上学的旧思想和旧观念，它挑战权威，反对存在于西方形而上学数千年的单向性一元思维方式，怀疑一切僵化和固定不变的理论信条，否认法西斯式的中心，竭力倡导在颠覆中心的同时重新认识和确立边缘的价值，主张从传统的一元思维模式中跳出来，进而使用多元视角和多元思维方式对世界作全新的观察和思考。

在对中心与边缘关系的重建和对“普遍价值”（universal values）的批判中，解构理论明确地将自己摆在盛行于20世纪初的新批评的对立面。如果说以F.R.Leavis为代表的早期英国“新批评”理论为确立英国文学在世界范围内的崇高地位提供了理论上的支持，那么60年代后期出现的解构理论无疑为后殖民英语文学脱离英国传统，从而使世界英语文学从一元趋向多元做好了理论上的准备。在后殖民英语文学的发展过程中，解构理论告诉人们，中心—边缘的历史形成说明世界上不存在一个永恒地处于世界中心的英语文学，处于帝国边缘的各前英殖民国家创造的文学也同样不是永远不能自立成为独立的民族文学，它向人们暗示，既然早年的英国本土文学可以从欧洲古典文学的羽翼下走出，既然美国文学能摆脱殖民的影响后腾飞，那么年轻而充满生机的后殖民文学也一定能从被殖民的边缘阴影中走出来，并在多元英语世界中充分展示自己的特色和风采。

后殖民英语文学在世界范围内的全面崛起给西方文学理论界提出了一个崭新的课题，这个课题的核心便是探讨以什么样的视角去看待新兴的英语文学以及它与传统英美文学的关系。崛起于70年代后期的后殖民主义理论在很大程度上正是针对这一课题应运而生的。正如女权主义批评和美国黑人诗学将自己分别建筑在女性和美国黑人的文学创作基础之上，后殖民主义理论将自己最多的注意力放在后殖民文学的研究之上。作为一种崭新的理论视角，后殖民主义理论认为，研究后殖民文学，就必须敢于突破大国中心主义，然后立足民族文化，从自身被殖民的历史为人们提供的特有立场去阅读和审视一切曾经受殖

民过程影响的文学。在近 20 年中，这一理论极大地推动了后殖民英语文学在世界范围内的研究。

当今，后殖民文学研究在世界许多地方成为英语文学评论界关注的焦点，担负着向中国读者介绍世界英语文学成就的我国英语文学界对作为一个整体的后殖民英语文学的研究尚未开始。不可否认，我国的外国文学批评界在接受和评论西方后殖民主义理论的同时，几乎完全忽略了对后殖民英语文学的介绍。针对这种现象，中国的英语文学界应该对后殖民理论作进一步的重新研究，以便在后殖民主义理论中寻找一点儿有益的启示。笔者认为，我国英语文学的介绍和研究中对后殖民文学的忽略恰恰表明，我国的英语文学批评界的确存在后殖民理论反复批判的那种不寻常的殖民心态，这种心态最清楚地表现于我们对英美文学的近乎奴性的认同。而充分地认识后殖民理论将有助于我们最终从这种认同中走出来，使我们一方面正确面对传统的英美文学，另一方面更好地认识 20 世纪英语文学在许多后殖民国家广泛拓展的现实，从而使我们在未来阅读和研究英语文学的过程中真正做到不用“势利的眼睛”而用“文学的眼睛”去看在不同文化和历史背景下发展起来的各民族英语文学传统，在大力拓展我们的文学视野的同时让我们早日学会坦然地面对世界一切英语文学中的精华，早日像鲁迅先生所说的那样学会将其统统拿来为我所用。如果我们真的做到了这一点，那么我国的英语文学研究必将在 21 世纪拓展出一片非常广阔的全新空间。

第二节　英美文学语言艺术研究

英美文学的产生及发展有着深刻的社会渊源，其漫长的历史可以追溯到《圣经》和古希腊罗马神话传说。纵观英美文学，它们最早就来源于古希伯来的基督文化和古希腊罗马的神话传说。《圣经》在阐述基本的教义之外，还广泛地渗透到文学作品中去，其中不仅仅有圣经故事的呈现，还有作者与圣经思想的融合，体现出较强的宗教性和文学性；而古希腊罗马神话传说作为西方文化的根基，融汇了文学、绘画等多种艺术形式，通过独特的语言表达技巧塑造了一个又一个传奇故事，这就为英美文学的发展提供了活灵活现的素材，为文学作品本身增添了较为丰富的内容，同时也加深了作品的思想性。可以说，它们就是英美文学的源头，对于以后英美文学的发展有着重要的促进意义和参考价值。

一、圣经教义在英美文学中的体现

《圣经》不仅仅是宗教读物，同时还融合了各方面的内容，对于文化、历史、艺术、哲学等多方面都有涉及和体现。《圣经》从《约伯记》到《启示录》的完成，经历了1600年的时间，其中作者的数量达到40人之多，势必会加大作品本身的丰富性。《圣经》是古希伯来各路文化的融合总汇，更是基督文化的精神支柱和文化结晶。在《圣经》完成之后，其中的内容被广泛

地运用到文学作品中，加上它本身浓厚的宗教性，对于作家、诗人的思想和情感也有很大的影响：比如长诗《贝奥武甫》中提及了上帝，而且对妖怪格兰代尔的渊源也做了介绍，这都是直接取自于《旧约全书·创世纪》；约翰·班扬的《天路历程》，从始至终都渗透着基督教义，就连布满灰尘的客厅都有其特有的象征意义；浪漫诗人拜伦的《希伯来歌曲》利用《圣经》中的题材来诉说着自己的情怀。《圣经》教义在文学作品中的渗透加深了语言的思想性和文学特色。

二、古希腊罗马文化的渗入

古希腊罗马文化是欧洲历史发展过程中的一朵闪耀的奇葩。其丰富的内容、鲜明的人物特征、离奇曲折的故事情节，让其本身具有更大的可读性。斯芬克斯之谜、俄狄浦斯弑父娶母、伊阿宋盗取金羊毛、潘多拉打开魔盒等故事已经家喻户晓，成为流传千古的神话故事，其中涉及宗教、哲学、思想、科学等诸多内容，这些完整的故事情节被广泛地运用到文学作品的创造中去，给英美文学的发展提供了有效的支撑。古希腊三大著名悲剧作家埃斯库罗斯、索福克勒斯、欧里庇得斯的作品中都有古希腊神话的影子；古希腊罗马神话注重刻画人物的形象、个性，同时，并追求人物的完美，这在文学作品中都有体现，也正是这个相通之处，才造就了英美文学作品的主旨：追求自然和谐之美，强调个人英雄主义、追求自我的乐观主义精神。从当代的英美文学作品来看，作品本身的魔幻性和神话特色，其实都是继承了古希腊罗马神话的影子。

三、英美文学语言特点分析

（一）语言取向：语言凸显较强的社会性

研究英美文学语言的特点，可以从语言的取向上来进行把握和分析，可以看出语言背后较强的社会性。不管是语言的内容还是语言的风格，都与当时的社会背景有紧密的联系。就拿古希腊罗马文化来说，尽管这是被“神话”的传说，但是它也有广泛的社会根基，那就是崇尚个人英雄主义的社会心态的重要体现。此外，社会局势的安定与否，在很大程度上关系到文学作品语言基调的明朗性及情感表达的方式，总而言之，文学作为社会现实的产物，决定了语言的构建也具有很强的社会性。

（二）语言功能：强调艺术与实用并重

从英美文学的语言功能上来说，其强调艺术性与实用性相统一的原则。这是所有作品语言的共同体现。从个人心理来说，英美人们强调个人主义、完美主义，特别是在文学创作中更加强调个人情感和思想的表达，因此在语言的构造上更加注意个人风格的塑造以及语言技巧的使用，这体现为很强的艺术住；从社会心理角度来讲，英美文学作品都是对于社会现实的反映，具有较强的社会指向性，加上个人英雄主义情感的作用，作者更加关注社会现实，因此在语言的构造和使用上注重实用性和交际性。正是艺术性和实用性的共同体现，才使得英美文学语言更加具有魅力，打破了纯粹的语言形式，具有多方面的指向性——文学性、思想性、艺术性等，实现了语言本身的突破，这势必会进一步促进英美文学作品的发展和传承。

（三）语言美感：陌生化语言

陌生化的语言是英美文学表达中的重要体现，它打破了传统语言表达的固化，用一种新的构词方式和表达顺序来对语言本身进行整合，让语言表达更加具有效果。可以拿《尤利西斯》

作品中的一段话来展开分析：

Moans round with many voices. Come, my friends.
It is not too late to seek a newer world.
Push off ,and sitting well in order smite.
The sounding furrows； for my purpose holds.
To sail beyond the sunset, and the baths.
of all the western stars,until it I die.

这段话翻译成中文可以为：“大海用无数音响在周围呻唤。来呀，朋友们探寻更新的世界，现在为时不晚。开船吧！坐成排，划破这喧嚣的海浪，我决心驶向太阳沉没的地方，超越西方星斗的浴场，至死。”这句话就是语言陌生化的重要体现，通过使用陌生化的语言打破了传统表述方式的陈旧性，让语言画面感凸显，情感更加具有可感性，同时增加了语言的跳跃性，让作品本身充满活力。这种语言表述方式是传统语言表达的创新，推进英美文学语言的进一步发展。

四、英美文学作品中语言艺术的特征

（一）重视对经典的引用和发挥

引经据典，作为西方英美文学名著中的一个主要特点，体现了宗教文化在西方文化体系中的广泛渗透。它的历史性、哲学性，通过简单的语言传达给每一个读者。例如，在《威尼斯商人》一书中，鲍希娅被称作“但尼尔”。书作者引用了西方知名作品《圣经》中的名字，并且提到了他们的典故，这样也衬托了说话者此时的心理活动，呈现出了显著的艺术特效。

（二）英美文学作品受西方文艺复兴影响

英美文学名著受欧洲文艺复兴思潮的影响巨大，在第一次工业革命的冲击之下，诞生了很多文学巨著，比如《双城记》《雾都孤儿》。西方文化作品更擅长对人的心理活动的细致刻画，这与他们飞速的近现代科学发展领先于中国有很大关系，比如哈代的小说，汲取了弗洛伊德的精神现象研究的一些成果，所以作为学习者，首要前提就是要认识和了解英美英语语言文化，然后再理解和欣赏文学作品中表达出来的显著艺术魅力。文艺复兴之后，西方的文艺作品呈现出百花齐放，大开大合的景象，更加关注个体的人性，破除了原来教会组织对人们的束缚。

（三）注重对戏剧性独白的使用

在学习英美文学作品时，我们常常可以看到作者显著使用戏剧性独白，这就是英美文学作品的魅力所在。在诗人索恩伯里的作品中，就曾经出现过部分诗歌被认为是戏剧性独白。戏剧性独白直指人心，它是人们与自然、与天地直接沟通的最原始的方式，是人找到人类情感最初起源的一种途径，也是文学艺术灵感的源泉，更是一切文学艺术发展的根基，作者对书中人物的解读，可能不具备权威性，留给读者的却是不同的想象空间。

不同的文学作品，都有其独特的语言艺术。在英美文学作品中，语言艺术的独特性，主要表现为源于生活而又高于生活，也常常受西方文艺复兴思潮的影响，作者常常引经据典，通过引证常用的经典故事，再加上对直指人心的戏剧独白的合理使用，形象表达出作者生活的时代风貌以及栩栩如生的人物特征，给读者以强烈的情感冲击，让我们有一种身临其境的感觉。因此，在阅读英美文学名著之时，我们要以跨文化的背景下，了解英美文学作品，以促进中西方文化之间的交流，并逐渐掌握系统

的文学鉴赏技巧。

五、英语文学中的语言艺术

（一）英语文学中的形象性语言艺术

形象性是所有文学作品的一个基础，既抽象又具体，虽然存在但又感受不到。任何的文学作品都有一个作者刻画出来的形象人物，用形象的特殊性来反映社会时代的矛盾或者作者内心要表达的情感。比如莎士比亚《哈姆雷特》中哈姆雷特的人物形象描写，哈姆雷特是丹麦国王的儿子，他善良高贵，自幼接受良好的高等教育，相信着世间的真、善、美，大家都认为他是世间最了不起的杰作。但是父亲的被害、叔父的篡位、母亲的改嫁让哈姆雷特的内心崩溃，走上了一条复仇的不归路。哈姆雷特自身的性格也是造成他悲剧的主要原因，“思想上的巨人，行动上的矮子”，伟大与渺小的化身。莎士比亚通过这样生动的人物形象描写，把一个高贵优雅的王子呈现在读者眼前，仿佛亲身感受到一般，增加了读者对英语文学的进一步理解。

（二）英语文学中的情感性语言艺术

情感是一个文学作品的内在表现，通过语言作者到底要表达的是什么样的思想感情，运用特殊的词语或句子来宣泄自己内心的情感世界，作者创造文学作品就是以文字的方式来表达自己内心的情感世界，任何的文学作品都是有情感的。

For example Hamlet “My destiny in the shouting, and my whole body every tiny blood vessels become like the angry lion bones and muscles as hard.Rest in peace!Suffering of the soul.” 比如《哈姆雷特》中主人公在面临自己母亲改嫁的背叛、叔父对自己王位的觊觎，使哈姆雷特的内心开始崩溃，面对背叛产生

强烈的复仇愿望。“我的命运在呐喊，使我全身每一根微细的血管都变得像怒狮的筋骨一样坚硬。安息吧！安息吧！受难的灵魂”。莎士比亚通过这种特殊的字词来直接表达主人公内心的这种仇恨，复仇的激烈欲望，主人公内心情感的强烈。因此，英语文学中语言情感性的表现有利于激发读者的内心情感和文章产生共鸣，拉近了作者和读者的距离，同时也是文章的升华。

（三）英语文学中语言的生动性

任何文学作品，通过语言的生动性都会带动读者不同的感觉。英语文学中的语言生动性简单来说就是一种并未见到具体的人但却如同身临其境一般，活灵活现。语言是一种艺术的交流，作者通过运用生动的语言，把脑海中想象的人物刻画出来，让读者感觉这是真实存在的，进而引发读者深思。《欧也妮·葛朗台》曾被评价为“最出色的画幅之一”。这是法国作家巴尔扎克的代表作之一，作者运用语言的生动性，把葛朗台身上的那种自私贪婪、爱财如命、狡诈抠门的形象刻画得惟妙惟肖。在文中葛朗台对金钱的执着被作者用生动性的语言表达得活灵活现，“He knows how to lie, square, stare half then pounce on their prey, open, purse, swallowed of piles of gold, then quietly lying down, like a stuffed snake, quietly, quietly, slowly digest the eat into the belly.”“他知道如何把猎物抓住，同时张开钱袋的大嘴，吞进更多的金钱。”作者把他比喻成一条贪吃蛇，不动声色地把“吃到”的东西全部消化。用一条贪婪阴毒的蛇来形容葛朗台是最贴切的了，既形象又生动，跃然纸上。

（四）英语文学作品语言的含蓄性

什么是含蓄性？简单来说就是说话不要说得太“明白”，

但又说了，总体给人留下一个想象的空间，这是在我们生活中的含蓄性表现。在英语文学中，作者用有限的文字来表达无限的内涵，让读者有一种言有尽而意无穷的境界，读过之后需要读者静下来，对文章进行回味深思，发现作者表面的语言下，隐藏的一些委婉的情感，这就是语言含蓄性在英语文学中独特的魅力表现。

《老人与海》这是美国作家海明威的著名代表作之一，文章简练含蓄，运用大量的象征手法。把一个老人在面对困难挑战时的顽强不屈、勇于挑战的硬汉形象描写得淋漓尽致。文中的鳖鱼是一种邪恶的化身，它代表着侵略、毁灭、破坏，是成功路上的一大障碍，作者对事实不做过多的评价，让读者从文字中自己回味感受，这就是语言的含蓄性。像文中老人在清晨叫醒男孩的画面“He took hold of one foot gently and held it until the boy work”，他轻柔地握住男孩的一只脚，直到男孩醒来。这段话并没有说什么，但这种无声的语言描写，更含蓄地表达出老人对孩子的爱和温情，使读者有种意犹未尽的感觉。

无论在现实生活中还是英语文学作品中，语言都是一种情感的展现，文化的载体，人类社会正是因为有了语言，才进入了文明时代。英语文学中语言艺术是作者情感的传递，是内在的思想灵魂，读一篇英语文学作品不是只读一遍或者看一下，而是通过作者在语言上使用的艺术手法，发现并理解作者的内心深处到底要表达什么。由此可见，理解语言艺术对赏析英语文学有着重要作用。

六、英美文学作品中的典故研究

典故是文学作品中构成其丰富语言和内容的关键之一。与其他的常规手段相比，典故均具有更加深刻的意义和更加生动的内容，具有一切人或事物在特性、色彩上的丰富意义。英语文学典故虽然不如中文的文学典故来源广泛，但是随着英语在国际化进程中发挥着越来越重要的作用，随着文化融合趋势的进一步加大，英语典故不仅对西方国家的文学具有重大影响，也开始在不同程度上促进非英语国家文学作品的进步。

（一）英语典故的来源

英语经过长时间的发展，大致可分为三个发展阶段，分别是：古英语阶段、近代英语阶段、现代英语阶段，在这三个阶段中，早期英语主要是吸收了《圣经》和古希腊、古罗马神话中的文化典故；后来的英语典故则主要是受到了莎士比亚时期作品的影响；现在，人们对于典故的释义相比原来更加客观也更加广泛，从而使典故更加符合语言发展的实际了。典故的产生是人们对于本民族文化生活在语言上的反映，了解并掌握英语文学作品中典故的来源，不仅可以加深对文学作品的理解，提高自身的英文水平，也可以增强自己的应用表达能力。在英文写作实践中，典故的应用效果是有目共睹的，寥寥几笔，就将一切深意蕴含其中了。同其他任何先进和科学的语言一样，完美的现代英语表达体系也得益于历史中各种典故的滋养。从英语人物典故的三大来源来看：力大无穷的 Hereules、冷酷无情的 Shyloek、智慧超人的 Solomon 等等，都已经将人物形象生动地描述到了英语作品之中，成为家喻户晓的人名。希腊、罗马神话、莎士比亚戏剧和钦定《圣经》这三种文学现象构造了英语经典典故的王国，这也说明了英语典故一定程度上多发源于文学领域，这一历史传统一直延续到今天。

进入20世纪，人们通过工业革命，实现了人类社会的高速发展。科技领域的新发展，大大地改变了人们现有的生活方式，社会变革、政局动荡和战争风云让陈旧的思想意识受到冲击，人们开始慢慢接受新的事物，但所有新事物、新现象，以及产生的新思想、新经验，都要利用语言来表达和传播。于是，在这种社会情况下，一批继往开来的作家活跃起来，同时，由于这些作家反映现实的作品与人们的生活吻合，久而久之，作家在作品中惯用或创造的表现形式、作品中生动典型的人物形象乃至作家本人的名字，都会被人们学习和引用。

（二）英语典故的翻译技巧

虽然用好英文典故可以使文学作品色彩大增，但是由于文化背景不同，典故却也成了我们学习西方文化的一个障碍，因为如果我们对典故进行直译，往往不能完全解释典故的真正含义，甚至有时候会因为曲解了字面意思闹出笑话，所以，掌握英文作品中英语典故的翻译技巧对于我们更好地引用英文典故至关重要。若想对英文典故进行准确的翻译，必须先搞清所要翻译典故的出处，然后将其以合适的方法呈现出来。英文作品典故的常用翻译方法有直译方法、套译方法和意译方法。

1. 直译

所谓直译法，就是在根据译文语言规范以及不使用错误联想的情况下，在译文中保留英语典故的比喻形象和民族、地方色彩，不使用翻译语言来代替。这种方法有利于加强中国读者和观众对原始语言的了解和知晓，可以不断丰富其汉语的表达方式，能使东西方文化更好的交融。典故成语是文化的重点组成部分，也是将一个民族的多彩现象表达出来。

随着社会的发展，科技力量的不断进步，人们之间的交流也更加频繁了，文化领域呈现出融汇通合的趋势。有的典故已经在世界范围内流传了，有的优秀典故还发展到世界各国的文化宝库中，几乎家喻户晓。对于那些中国广大读者早已耳熟能详的外国典故，为了保证其原汁原味，我们可以根据字面意思直译出来，不需要加入解释性的词语。

例如，Everyone in the family bullied her and made her to do the housework. She was indeed a Cinderella.

译文：她们家的人都欺负她，强迫她做家务。她确实是个“灰姑娘”。

虽然“灰姑娘”是欧洲童话故事里的人物，但在中国，却是无人不知灰姑娘的故事，也将“灰姑娘”作为表示现在被压迫的女孩的名词。因此把“Cinderella”直译出来，不需要再加解释，这不但能增加读者的理解能力，还会激发读者的想象。直接翻译还保留了原著的味道，又能引起读者正确的联想。关键是，读者能在全面理解的基础上仔细品味这个名词的意义。

2. 直译和增译相结合

增译也叫上下文增译，是在译文中明示出原语读者视为当然而译语读者不知道的意义。增译的过程其实是从外到内的，将原文表层结构还原成深层结构的过程，就是把原文省略掉的部分再加进来，将它的另外一层深意表示出来。

例如，The study had a Spartan look.

译文 1：这间书房有一种简朴的景象。

这种译文虽然用释义的方法解释了典故，并明示了在文章中的含义，但却失去了应有的民族内涵。“Spartan”是古希腊

的一个重要城市，在历史的发展中有十分关键的地位。“Spartan”可理解为“期巴达人，斯巴达式的”，斯巴达人在希波战争中勇敢抵御了波斯人的入侵，在伯罗奔尼撒之战中战胜了雅典王朝，斯巴达人是勤劳吃苦、勇敢的象征。在这个基础上，应翻译为:

译文 2：这间书房有斯巴达式的简朴。

译文 2 保持了原语的“洋”味，具有强烈的异国情调，同时较好地弥补了主义的丢失。

（三）英语典故和英文作品的关系

1.《圣经》典故和英文作品之间的关系

西方作家大多都受到圣经和希腊罗马神话的影响，这种影响是根深蒂固的，但这种影响却是十分积极的。例如，一些作家直接把圣经和神话故事当作写作材料，有的把圣经和神话故事的寓意加入作品中，以起到警示和鞭策的作用。早期的英国文学与圣经和神话传说都有着较深的渊源，因此，英语诗歌中也有大量典故的存在，读者掌握这些背景知识有助于更好地理解诗歌作品。美国诗人卡尔·桑德堡也曾在他的一部作品中提到基督受难的事，它与《圣经》中的典故有关，圣经里讲到，耶稣在被犹大出卖后的第一个新年月圆之夜被处死，耶稣死的时候，原本明月普照的世界一下子变成了漆黑一片，所以，那晚的明月成了耶稣受难的证明。约翰·弥尔顿在他的作品《失乐园》中引用了《旧约》里的内容，讲了亚当和夏娃在撒旦的诱引下，违背上帝的旨令，偷吃禁果（长在善恶树上），被逐出乐园的故事。弥尔顿在其后来的《复乐园》作品中也引用了《圣经》中的典故，那个典故出自《新约·路加福音》。还有许多其他的欧洲伟大作家也都谙熟《圣经》,《天路历程》(班扬著)、《浮士德》（歌德著）等作品都说明了这一点，在文学作品中引用圣经中的主题几乎成了西方早期文学作品创作的传统，同样，如果对《圣经》不熟悉，就无法理解很多英美作家的经典作品。

《圣经》典故与英语作品之间的关系。《圣经》是西方宗教文化的结晶，在西方文化发展史上有着重要的地位。例如，威廉·布莱克的《羔羊》中第二节内容：

Little lamb，who made thee
Dost thou know who made thee?
Little Lamb，I' ll tell thee，
Little Lamb，I' ll tell thee，

这首诗的第一节讲的是一个小孩问一头羔羊“是谁创造了它”，羔羊是这样回答的“他也叫羔羊”。这个他是指“耶稣”，在《新约》里，耶稣称自己为“羔羊”。比如，《启示录》中也提到“将颂赞、尊贵、荣耀都归于羔羊”。只要读者对《圣经》的内容有所了解时，才能更好地理解这首诗歌。在文艺复兴时期，戏剧家莎士比亚的众多戏剧作品中，则多次引用《圣经》里面的典故，在《威尼斯商人》这部戏剧中，所体现出来的是一种仁慈、宽恕和博爱的精神，安东尼奥作为一名基督教徒，他的身上无不展现出基督教的各种精神，在他为救朋友可以心甘情愿地为朋友还债，在法庭受审时，他秉承正义的原则，甘愿受罚，这些都体现出安东尼奥是基督教徒，他的一言一行都是基督教徒的楷模。

在《浮士德》《复乐园》等文学作品中，都有引用《圣经》里的内容，这就成为早期英语文学作品创作的一个特点。因此，需要熟悉和了解《圣经》，才能更好地理解英语文学作品。

2. 神话故事典故和英文作品之间的关系

埃德加·爱伦（美国文艺批评家、作家）在其作品中有一句话提到 Procrusteanbed，这个 Procrusteanbed 是指“一刀切”这种政策，它出自古希腊的神话。强盗普罗克汝斯开了个黑店，所有投宿的过客都被强按在他的床上，如果过客的身材比他的床长，他就剁掉过客伸在床之外的脚，否则就强行把人拉长，直至被拉的人死亡。Procrusteanbed 就是用来表示强硬的手段或政策。

其他受古希腊神话故事启迪的还有《仲夏夜之梦》《尤利西斯》《奥德赛》等，所以，古希腊神话中的典故通常都会作为很多英语文学作品的点睛之笔，增加了文学作品的经典性。由此可见，英语典故与英文作品常常是并行存在的，英文典故使得文学作品只用寥寥数语，就能表达其深刻的韵味，不理解英文典故，也无法理解许多文学大家的经典作品。

在《夜莺颂》这首诗中，前四句传达出诗人对人生的困惑，说自己正在走向忘川，其中所提到的 Lethe 是古希腊神话里一条阴间的河，人们饮用这条河里的水就会将一切烦恼都忘记。英文典故与英语作品之间有着密切的联系，英文典故可以丰富英语作品的内涵和文化底蕴，在英语作品中运用英文典故，也可以实现传统的优秀文化得以传播和发扬，促进文化的发展和创新。典故是一种语言文化，使语言表达更加生动活泼，是交际中不可缺少的因素。随着社会文化的发展和进步，一些新的英语典故不断出现，掌握英语典故的翻译技巧才能跟上语言发展和时代的步子。英文作品翻译的最终目的，是要将读者带进这个作品的世界，理解该作品所表达的深意。译者对作品的判读和读者对作品的判断是非常重要的，在不影响译者理解文章的情况下，将原著中的真实含义表达出来，避免文化缺省失真，让读者能够更好地理解整个作品，明白当中的典故所要表达的真意，以促进世界文化的交流与融合。

第三节　英美文学中的形象研究

世界文化的发展正逐步迈入全球化的历史篇章中，而作为世界艺术文化的重要组成部分的英语文学也正在逐步地打破自我文化的框架，传统英语文学的文化疆界正朝着世界性、民族性等趋势逐步发展，出现了不少以英语为创作语言，以非英语文化为创造背景的作家与作品，这些作品中文学形象的塑造与作家自身的文化背景息息相关，因而对形象的研究更具有挑战性。只有将文化形象的研究从本土性和外来性这两方面入手，将作品中的文学人物形象从民族性角度加以解读和定位才能为英语文学的进一步发展提供更多的素材。

英语文学所包含的内容很多，其中主要以英美国家的文学作品为传统内容，而随着英语文学世界性的传播，中国、印尼等其他非英语国家作者以英语为创作语言的文学作品逐渐增多，所以关于英语文学的概念定义相对广泛。这类英语文学中的人物形象研究涉及作者本身所具有的民族性等特性，关于当代英语文学的形象研究也应该做进一步的民族性研究。奈保尔的《比斯瓦斯的房屋》是以其父亲为原型创作的长篇小说，选取的社会背景为作者当时的社会生活。小说中塑造了一个真实人物平凡生活中的奋斗和痛苦，于 1961 年出版并在英美国家获得了读者的青睐，也是奈保尔早期的优秀作品之一，在此之后，更是被世界多个国家与地区所引进、翻译，广泛出版与传播。在《比斯瓦斯的房屋》中，作为最大主角的比斯瓦斯出生于特立尼达殖民地并在这里长大，由于天生就有六根指头，比斯瓦斯出生之后就一直受到歧视，而他的父亲只是移民到当地的一名劳工，自然无法为他提供一个顺利成长的环境。在艰难的成长经历中，比斯瓦斯始终没有忘记自己的文化之根，虽然这与现实逆境形成了很大的反差，给他造成了很大的精神压力，但他始终坚持奋斗，得以成家立业。但是娶妻之后，妻子塔尔西娘家却十分瞧不起他，经常说三道四，给他造成了很大的打击，这同时也激励比斯瓦斯立志做一名记者，获得更高的社会地位并实现经济独立，摆脱妻子各方面施加的压力。在清晰的目标和强大的动力之下，他不断奋斗，永不放弃，最终如愿以偿成了一名记者，并拥有了属于自己的房子。然而他的长子阿兰德却不满当地的落后状况，选择去英国留学，比斯瓦斯在家中没人照顾，加上长久劳累，最终积劳成疾病死在自己的房子中。阿兰德学成从英国归来之时，又重新面对年事已高的母亲、4个尚未独立谋生的弟妹以及3000元债务的穷困之境。奈保尔的作品里面异常激烈的人物角色冲突，解释了特立尼达十分尖锐而复杂的社会矛盾。

作者奈保尔以文学形象塑造的形式将印度族裔身份与当地白人社会地位进行了重写，让读者对当地印度文化有了新的解读。在小说中，主人公比斯瓦斯最后实现了自己的愿望，成了一名记者，而且拥有了房子。但是最终却由于劳累过多，非常可悲地病死在了自己梦想成真的房子之中。其长子与其他家人命运各不相同。小说中人物的命运有着十分强烈的对比，特立

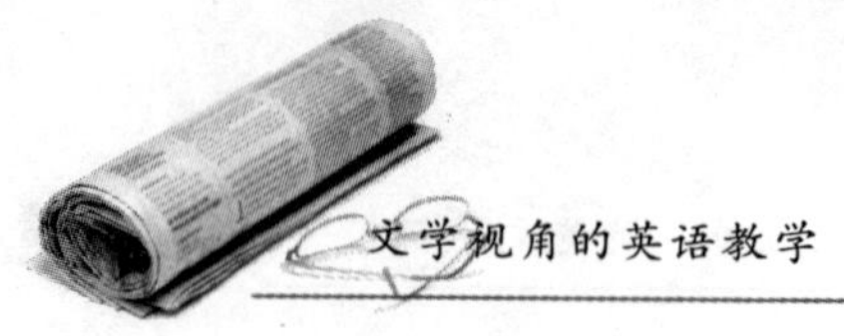

尼达社会中的矛盾在此获得新的揭示，作为一另类的文学形象的研究也有着更深层次的象征。首先，英语文学中的文学人物形象不再是以前英语国家的白人族裔为主，一些被殖民地区的其他非白人族裔被搬上英语文学的舞台。从深层次来看，英语语言虽然以外来语言角色进入其他民族，但在全球化文化热潮中其描写的内容更加具有世界性与民族性，与原有的英语文学宗主国归属有了角色的颠覆性特征。其次，奈保尔为代表的其他族裔英语文学创作者在作品中对英美文化的批判使得西方文化在世界性传播的同时也陷入某种“反噬”境遇，大量文学“反叛者”出现在西方文化的对立面。

第四节　英美文学的主题意境研究

当代英语文学是对“英语文学研究”学科视野的拓展和研究领域的拓宽，它历史底蕴丰富、创作思路清晰、影响范围广泛，代表了世界文学的发展趋势和未来轨迹，人们从当代英语文学作品中感受到文学的艺术魅力和厚重底蕴。评价一部文学作品的好坏，首先要看作家以什么故事题材塑造什么人物形象，流露了什么思想感情，最终表现了什么主题意境。

主题意境是文学作品的灵魂，读者只有准确掌握主题，才能理解作者所要表达的中心思想，才能接受作者所要传递的观点信息，才能提高自身的文学鉴赏能力和创作水平。对当代英语文学的主题意境进行研究，能更好地了解英语文学作品的发展历程，把握当代英语文学的发展规律，领悟当代英语的深刻内涵，对促进英语文学的发展和进步有重要的意义。

一、英美文学的意境化

英美文学课程教学中应引入意境化方式，实现情境教学、以情优教，才能更好地培养学生独立思考、独立分析问题和解决问题的能力，以便更好地适应社会发展的需求。英美文学中的意境化教学主要包括教学布白、情境教学和以情优教三个方面。

（一）教学布白

教学布白是意境化教学的一种，主要有“内容性、心理性

和语言性布白”。英美文学教学布白中的内容性布白主要是教师在教学过程中保留一些授课内容不讲来引导学生思考，提高教学效果。例如，讲授美国文学史现实主义作家西奥多·德莱赛（Theodore Dreiser）时，教师可以整体介绍作家的生平、主要作品、文学地位等，把作家的写作风格留下不讲，然后和同学们一起分析其作品《嘉莉妹妹》，最后由学生自己来总结作家的写作风格，这样学生不仅可以学到文本中深层次的内容，同时提高了自身分析问题、解决问题的能力。心理布白是教师用创设疑问来引导学生进入“想弄又弄不明白，想说又说不出来”的境地，来提高学生探究问题的兴趣，并让学生通过自己的努力来填补思维空白，不能直接告诉学生结论。讲授奥尼尔的戏剧《进入黑夜的漫长旅程》文本时，可以通过创设疑问让学生更好地了解奥尼尔笔下的人物，特别是母亲的形象。例如，戏剧里对“雾”描写的作用是什么？这样设疑可以激发学生探究文本的兴趣，他们在文本中找到描写“雾”的段落，不难发现“雾”是玛丽这位母亲逃避现实的一个方法。这种方法不仅激发学生学习的兴趣，更让他们对戏剧家及其作品有了更深入的了解。最后一种是语言性布白，教师在英美文学教学中利用语言的停顿和语音、语调的变化来创设“布白”，这种布白就是通过停顿给学生留下思考和回味所讲内容的时间，让学生更好地掌握所学内容。教学布白是一种有效的教学方式，可以启发和引导学生，充分调动学生的积极性，提高学生学习的热情。

（二）情境教学

意境就是“虚实相生”，是虚实结合的完美艺术境界，正如心理学家鲁道夫·阿恩海姆（Rudolf Arnheim）所言：艺术创作的基础是生活积累和体验，是对客观事物的表现性的知觉。换言之，艺术来源于生活，却高于生活。因此，英美文学教学中的情境创设不仅是文本的情境创设，同时紧扣实际生活。

英美文学教学中教师可以根据教材和文本创设情境；情境可以是一个故事，也可以是一个片段，一个场景；情境可以是与学生生活息息相关的情境，也可以是调动课堂气氛的组织活动。讲授英国文学史著名的戏剧家和诗人莎士比亚的作品时，可以采用情境创设。他的作品《哈姆雷特》是学生们学习的优秀文本，教师和学生共同分析文本时，可以即兴创设情境：首先邀请两位同学分别饰演哈姆雷特和他的叔叔克劳狄斯两个角色，并进行对话；其次饰演哈姆雷特的学生要表现出在面临自己的仇人时如何掩饰和控制自己的情绪和恨意；最后让学生深刻体会哈姆雷特的悲愤和痛苦，这样使学生更深入地了解这部作品。莎士比亚的另一部作品《威尼斯商人》就可以创设与生活相关的场景。教师创设一个招聘的场景，让学生扮演主考官和面试者，并以“一磅肉引发的故事”为题，让面试者针对夏洛克和安东尼奥之间这“一磅肉”问题分别从文学、法律和经济方面进行探讨，使学生们更透彻地了解莎士比亚笔下的人物。从文学角度，这“一磅肉”代表了犹太人和基督教徒之间的冲突，所以夏洛克拒绝接受几倍金钱的偿还，莎士比亚既刻画了夏洛克这个“守财奴”的形象，同时也刻画了安东尼奥这位仁义的商人。

詹姆斯·伯艾德·怀特认为，“文学名著为法律的各种人文价值提供了最好的伦理论述”。《威尼斯商人》中“一磅肉”的冲突正是为法律提供了最好的伦理论述，也凸显了“法律面

前人人平等”概念，鲍西娅通过自己的法律知识救了安东尼奥，体现了正与邪的对抗。从经济方面，这“一磅肉”也体现了经商的基本理念应慷慨仁义，不能违背做人的良心。不管是把文本变成表演搬上课堂，还是创设与生活相关的情境，都能充分发挥学生的主观能动性，参与课堂，提高学生独立分析问题和解决问题的能力。英美文学教学中创设情境就是为学生建立知识的支架、知识的平台，让学生有机会利用自己的经验和所学知识主动探究、解决问题。只有教师和学生真正的“对话”才能提高教学效果，培养学生的能力。情境教学丰富了学生的想象力，培养了学生的动手能力，但是这种认知因素只是影响课堂教学效果的一个因素，情感因素同样对教学起到不可估量的影响。

（三）以情优教

文学本是情与景的融合，而英美文学授课过程正如文学一样，也需要情景交融。但是这里情不是狭义的、感性的情，而是广义的、理性的情。

在英美文学日常教学活动中，影响教学效果的基本因素很多，如教学目的、教学内容、教学难点和重点、教学环境、教学方法与手段、教师和学生等。教师和学生教学过程中的主体因素：教师的教学内容、方法得当，学生反应迅速、互动有效，才能更好地提高教学效果，但是这些仅仅是认知因素。在日常教学过程中，授课教师应该注意情感因素对课堂的影响，做到“以情优教”。情感因素和认知因素是相互影响、相互作用的。正面的、积极的情绪会让学生心情愉悦，产生更好的学习效果，反之，学生会厌学、学习效率下降。教学活动的情感因素可以影响学生接受教学内容的能力：接受—反应—兴趣—热情。教师首先可以改变讲解内容的方式，让学生有求知的欲望。例如，讲解美国文学史浪漫主义小说家霍桑的作品《红字》时，教师可以通过电影节选的方式，让学生看电影的首段：海斯特站在台上，胸前挂着大大的A字，备受人们的唾弃。仅仅这一小段就会引起学生们的好奇心：为什么这位女士站在这里？胸前的A字是什么意思？人们为什么这么讨厌这位女士？……接下来学生再读文本，就会带着求知欲完成文本的解读。

教师不仅可以通过教学内容讲授方式的改变来影响课堂的情感因素，同时，还可以通过改变课堂教学组织来影响学生的学习兴趣。美国著名诗人艾米莉·狄金森因其诗歌形式和内容的独创性而闻名于世，教师在讲授她的诗歌时不能采用传统的"填鸭式"教学，而应按照学生的喜好把他们分成若干个小组，分别负责朗读、翻译、分析风格、分析主题、分析写作手法等方面。整个课堂由学生来充当"教师"，承担起授课的责任，发挥学生的主观能动性。在学生完成"教学"任务后，教师要给予每组客观的评价，评价的过程中需要注意情感因素的影响，对每个学生给予肯定，对学生的不足给予帮助。通过这种方式，教师对学生的学习状况有了深入的了解，学生也对所学内容有了浓厚的兴趣和热情，这才是一堂完整的文学课。意境理论对当代的英美文学的教学理念产生了深刻的影响，并为英美文学教学提供了新的视角。英美文学教学中的意境化可以扩展英美文学教材内容，引发学生的学习兴趣，发挥学生的主体性和主观能动性，培养学生独立思考和独立解决问题的能力，提高教学质量，满足社会发展对人才培养的要求。

二、当代英语文学的主题意境

（一）以人为本

当代英语文学作品热情讴歌人文主义理想，要求自由、博爱，强调法律面前人人平等，肯定人的自我情感的合理性，积极运用理性思维对人的存在特性、认识功能做整体思考，以确立人的主体地位。文学作家以人道主义为利器，揭露社会的黑暗，表达对下层人民苦难生活的同情。他们关心社会文明发展过程中人的生存环境问题，揭示资本主义社会人与人、人与社会的矛盾，表现底层人民对心灵自由的渴望，对美好生活的向往。当代英语文学主张每个人都应该有自己的个性，个性应该得到尊重和推崇，一个人生来就应该独立，承担责任和义务，享受权利和尊重，每个人均可以根据自己的能力和意志掌握自己的命运。对当代英语文学中“人”这一主题的回顾与分析，让我们深刻了解了人类文明的进步，人类生存状况的改变，不但能让我们对整个文学发展史以及文明的发展历程有清楚的认识，还能增强我们的文学鉴赏能力和欣赏水平。

（二）浪漫特色

浪漫主义作为一种文学观念和表现方式，在世界文学发展的初期就已经出现。当代英语文学以充满激情的夸张方式表现对理想和未来的希望，深刻揭露资本主义的贪婪、婚姻制度的腐朽和殖民掠夺的残酷，并提出建立未来理想国度的前景。在理想国度里，全体社会成员各尽所能，没有统治者与被统治者之分。当代英语文学寄希望于仁慈的统治者，强调阶级调和、阶级互助，以此化解社会矛盾，它力主表现个性，不像古典主义文学那样强调理性以及对国家、社会的服从。当代英语文学在题材选取上富有传奇性，在理想主义精神的支配下，它更多采用远离现实生活的神话故事作为表述对象，以富于幻想的方式创造虚构和想象的艺术世界。当代英语文学崇尚自然，强调以自然为对象，用以表现人性的自然本质，它在表现方式上追求大胆幻想、奇异构思，充分发挥想象、虚构、变形、比喻、象征等非再现性的艺术手段，致力于理想艺术世界的创造，从而体现当代英语文学在艺术形式和表现手法上的浪漫特色。

（三）异化主题

“异化”是贯穿文学的基本主题，无论是人性完美的古希腊时代，还是人性扭曲的20世纪，在文学发展的不同时期，异化主题都或隐或现。当人的主体意识充分体现，作家对生活中的异化现象明察秋毫，文学中的异化主题就呈显性；反之，文学里的异化主题就成隐性。当代英语文学采用荒诞的形式表现严肃的主题，揭露社会的黑暗和人与人之间的矛盾、斗争。它是一种比意识流文学更具有鲜明特色与表现性的文学，它对现代人被非理性扭曲的心理给予了极大关注。如《儿子与情人》中的莫莱尔，资本主义工业文明将他的斗志激情消磨殆尽，沉重的负担使他变得日益消沉，与妻子缺乏沟通，与儿子缺乏交流，导致妻子嫌弃他，儿子更是讨厌他。妻子把全部的爱转移给儿子，夫妻间关系的异化导致母子间关系的异化，正常的母子亲情变成了一种情人关系，这种异化的感情，导致儿子感情及心理极大的扭曲，致使他与女友间关系的异化，无法和女友进行正常沟通和交流。在劳伦斯眼里，这一系列人与人之间关系的异化归根结底是整个资本主义工业文明造成的。

（四）道德标准

文学与道德有着不解之缘，文学被称为是提升人类精神品质的有效手段，文学把提升公民道德水平作为目标，这成为推动文学发展的动力和标准。文学的道德价值是随时实现着的价值，它既是文学的基本价值，又是文学作品的具体价值。

道德与文学作品共存共生，它的发展性即它的历史性，不同历史状况下的文学道德价值有不同的活动情况，在文学交流传播过程中形成不同的道德意识与道德行为，不断推动社会的进步和生活的改善。在阶级分化日趋加剧、社会分配日益不公的现实中，作为弱者的底层平民，在话语表达权上越来越弱。现代作家们不论是出于同情还是出于公平正义感，对这些弱势群体的苦难境遇都给予了积极的关心和支持，以一种为社会弱势群体维权的意愿，创作反映社会不公、贫富悬殊、人情冷漠的文学作品，唤醒读者的道德灵魂，不断提升社会的道德水平。

（五）宗教信仰

宗教信仰是研究当代英语文学需要重点关注的问题，在文化诸要素中，宗教是最重要、最核心的部分，历史上文化交流主要以专家对话的方式为主，宗教在对话过程中所起的作用尤为突出。宗教是划分不同文明的依据，对人们的生活有着重要影响，在西方国家，特别是欧美国家，基督教文化深深影响着人们生活的方方面面。基督教认为世上的万物都由上帝创造，万物的生老病死都是由上帝安排的，每个人都是神的子女，彼此之间是平等的，他们的等级观念和身份观念不强，强调自我为中心，强调人独立的人格和个性，推崇独立自主。基督教产生时，欧洲动荡不安，社会混乱，人们相信只有上帝才能拯救他们，只有上帝才能给他们幸福的生活和美好的未来。人们交流的语言、思维模式、理想信念都深深地烙上了民族宗教的色彩，当代英语文学作品时时刻刻体现着宗教信仰。

（六）死亡威胁

死亡在西方文学中占有极其重要的地位，文学真正的诞生地就是死亡，没有死亡，人类就无所恐惧、无所顾忌、无所悔恨，也就用不着构造一个虚幻的文学世界来弥补人生的空虚和遗憾，来满足自己对永恒的向往和追求。文学作家在作品创作过程中释放对死亡的恐惧，在艺术想象的空间中实现自己对不朽的追求，不管时空如何转变，对死亡主题都情有独钟。而对于广大读者，在对死亡主题文学作品的鉴赏中完成死亡经历的体验。在当代英语文学的共时性和历时性研究中，发现死亡占有重要地位和作用。当代英语文学死亡主题的永恒离不开读者和作者两个方面，他们和作品中的人物进行情感交流，带着各自的人生体验与审美标准进行创造和吸收，从而在欣赏艺术中实现自我升华和发展。

三、推进当代英语文学主题意境理解的策略

（一）在相互比较中加深理解

比较是将事物的个别方面、个别特征与事物整体之间进行对比，确定它们的相同和不同之处。比较在事物认知过程中起着重要作用，有比较才有鉴别，通过比较，才能领悟文学作品的真谛，才能感受作品的思想，体会作者的意图。文学作品的主题只有在与其他作品的比较中才能科学把握，准确判断。比较有纵向比较和横向比较，纵向比较就是把文学作品放在历史的长河中，做前后对比，这样就不会脱离特定的历史背景去鉴

赏文学作品。横向比较就是把文学作品与同一时代的其他作品相比，它有相互联系的两方面：一是对同一作家的作品进行比较；二是将某一作家的作品与其他作家的作品进行比较。就像艺术比较和分析相互贯穿一样，当代英语文学作品的比较也必须纵横结合。这样不仅可以准确把握风格迥异作品的主题特色，也易于辨别风格相近作品的主题。

（二）在把握全局中提高认识

伟大文学作家的每一部作品，都是在特定的人文环境和历史条件下创作形成的。文学是时代发展的产物，是时代进步的标志，文学作品不单独存在于历史长河之中。文学作品是社会的产物，随着时代的发展而发展，随着社会的进步而进步，在时间的推移中文学作品的内涵也不断发展、丰富、充实。当代英语文学有自己独特的价值体系，该价值体系能帮助人们区别美丑、善恶、真伪，是人们为人处事的哲学和标准。该价值体系不能脱离具体的文化而存在，所以在文学作品赏析时，应该从文化背景、价值体系、道德标准、历史环境等方面整体把握，站在时代的高度，以全局的眼光准确抓住文学作品的主题，体会文学作品的精神，领悟文学作品的内涵，不断提高自身的文学鉴赏能力。

（三）在提高素质中强化能力

文学作品是一个民族社会史的写照，体现了人类对真善美的歌颂和对假丑恶的抨击，描述了人类从愚昧走向文明的过程，反映了人的道德修养和价值观念，能使读者的心灵和思想得到升华。读者鉴赏文学作品的同时也是感受作者思想、体会生活状态的过程，这样能大大增长读者的知识面。优秀的文学作品意境优美、内涵深刻、主题鲜明，能给读者带来无尽的精神财富，读者要不断加强自身素质培养，拓宽知识面，特别是增强对英语国家的历史、人文、科技等方面的了解，成为复合型人才，才能更好地把握当代英语文学的内涵和主题，不断提高自身的艺术修养。

主题意境是文学作品的灵魂和中心，只有准确把握主题，才能理解作品的中心思想，把握作品的丰富内涵，领悟作品的深厚底蕴。本书分析了当代英语文学的主题意境，提出了有效理解当代英语文学主题意境的策略，为当代英语文学的跨文化交流传播和繁荣发展提供了理论和实践参考。

结 语

文学是多种多样的，英美文学在文学史中占有重要的位置。大学生英语教学中应该加强对学生英美文学的教学，采用各种有趣的方法，吸引学生的注意力，让学生能够更加深刻地理解英美文化，从而对其产生兴趣去学习、研究。本书主要通过对大学英语教学中的词汇教学、阅读教学、写作教学、修辞教学等的研究，论述了我国英美教学的方法，并提出了一些改革意见。最后加入英美文学作品赏析部分，让学生更加了解英美文学，有助于提高我国大学生的英语应用能力。

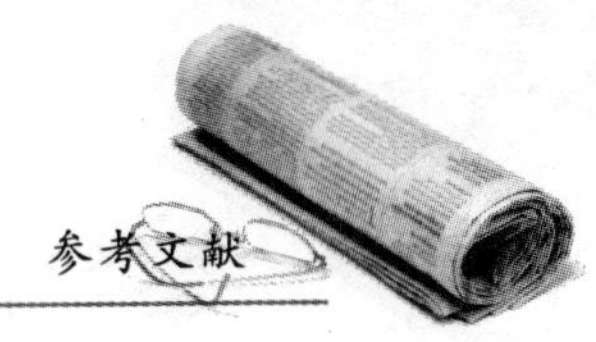

参考文献

[1] 安晓芳 . 文学视角下的大学英语阅读教学 [J]. 湖北函授大学学报 ,2014,27(8):141.

[2] 黄海滨 . 大学英语写作教学方法初探 [J]. 青海师范大学学报 (哲学社会科学版),2001(2).

[3] 林秋熙 . 基于文学视角下的大学英语阅读教学的分析 [J]. 艺术品鉴 ,2015(2).

[4] 李银波 . 基础英语教学中的体验式学习分析 [J]. 时代教育 ,2008,7.

[5] 李银波 . 浅析志怪小说与哥特小说中鬼怪形象特征 [J]. 考试周刊 ,2008(6).

[6] 李银波 . 基础英语教学与学生自主学习能力培养 [J]. 重庆科技学院学报 ,2009(8).

[7] 李银波 . 从单性特质的女性形象看华顿的女性观 [J]. 湖南科技学院学报 ,2011(11).

[8] 李银波 . 从华顿笔下的女性形象来看其女性观 [J]. 湖北经济学院学报 ,2011(12).

[9] 李银波 . 英语专业毕业论文管理存在的问题及其对策 [J]. 考试周刊 ,2011(10).

[10] 李银波 . 从伊迪丝 · 华顿小说中的城市女性看其女性观 [J]. 琼州学院学报 ,2012(62).

[11] 李银波 ."后方法"视野下英语国家概况的教学研究 [J]. 校园英语 ,2015(5).

[12] 李银波 ."后方法"理论在英语国家概况教学中的运用研究 [J]. 考试周刊 ,2016(91).

[13] 刘丹 , 杨力明 , 严宁 . 基于建构主义教学观下英美文学与大学英语教学相结合探讨 [J]. 齐齐哈尔医学院学报 ,2011(22).

[14] 申富英 . 英美现代主义文学新视野 [M]. 济南 : 山东大学出版社 ,2007:103–106.

[15] 覃春华 . 大学英语教学中融入英美文学的调查与研究 [J]. 语文学刊・外语教育教学 ,2014(4).

[16] 吴伟仁 . 美国文学史及选读 [M]. 北京 : 外语教学与研究出版社 ,1988:13–14.

[17] 王婷婷 . 论基于英美文学作品阅读的大学英语写作教学 [J]. 学理论 ,2015(2).

[18] 魏莉 . 大学英语教学体系中的英美文学教学探析 [J]. 重庆电力高等专科学校学报 ,2014(6).

[19] 杨南薰 . 浅析英语文学作品中的典故 [J]. 作家 ,2011(22).

[20] 杨雪静 . 英语文学作品中的典故研究 [J]. 赤峰学院学报 (汉文哲学社会科学版),2009(10).

[21] 余丽雯 , 舒亭亭 . 浅析大学英语教学中的修辞教学 [J]. 南昌高专学报 ,2004(3).

[22] 张婧 . 文化素养与英语教学 [C], 北京 : 光明日报出社 ,2016.

[23] 张勇先 . 英语发展史 [M]. 北京 : 外语教学与研究出版社 ,2014,42–45.